EXPEDITION NATUR

Ramona Jakob

Abenteuer Geocaching

Die moderne Schatzsuche für Einsteiger

moses.

Mein Geocaching-Steckbrief

Name:

Adresse:

Foto

Geburtstag:

Haarfarbe:

Augenfarbe:

Lieblingstier:

Lieblingspflanze:

Lieblingsort:

Meine tollsten Outdoor-Abenteuer:

Mein Stempel:

FINNs TIPP!

Wenn du mal ein Wort nicht kennst oder verstehst, dann schau doch einfach im Geocaching-Wörterbuch ab Seite 92 nach.

Inhalt

Hallo, schön, dass du da bist!

Geocaching – was ist das?

Geocaching ist eine moderne und aufregende Schnitzeljagd. Mit Hilfe von Koordinaten und Beschreibungen aus dem Internet können große und kleine Abenteurer auf Schatzsuche gehen. Beim Geocaching entdeckst du nicht nur versteckte Behälter, sondern auch historische Orte, verwunschene Plätze, schöne Aussichtspunkte und traumhafte Gegenden, die du sonst wohl nie besucht hättest.

Weltweit gibt es Menschen, die verschieden große Behälter an den unterschiedlichsten Stellen verstecken. Die Owner (= Besitzer dieser Behälter) tragen die Koordinaten ihrer Verstecke im Internet ein, damit andere Geocacher danach suchen können.

Damit das Ganze spannender und lustiger wird, lassen sich viele Owner ganz besondere Geschichten einfallen oder basteln wunderschöne Verstecke. Mit den Koordinaten aus dem Internet kann jeder losziehen und sich auf die aufregende Suche begeben. Wer den Schatz findet, trägt sich im Logbuch ein, darf je nach Cache-Größe etwas tauschen und versteckt anschließend die Box wieder an genau derselben Stelle, an der er sie gefunden hat. Geocaching geschieht unauffällig. Personen, die keine Geocacher sind, sollen das Versteck nicht entdecken. Dann können sie es auch nicht versehentlich oder gar absichtlich zerstören.

Geocaching ist eine heimliche Schnitzeljagd. Und wie bei einer Schnitzeljagd folgst du Pfeilen und anderen Hinweisen und musst deine Spürnase besonders gut einsetzen.

Geocaching

Der Begriff Geocaching setzt sich zusammen aus:

„**geo**“ = griechische Silbe für den Planeten Erde

„**cache**“ = englisch für Versteck oder vorübergehendes Lager

Es handelte sich also um ein Versteck auf der Erde.

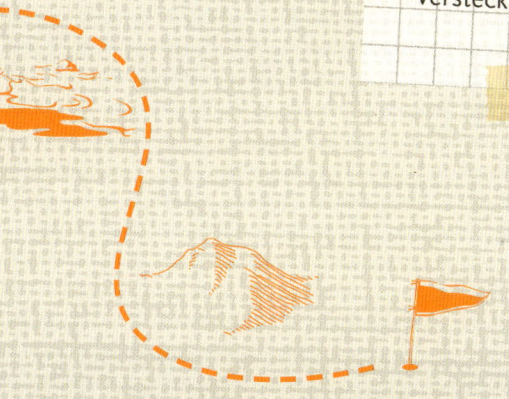

Schnitzeljagd früher und heute

Vielleicht hast du noch nicht allzu viel über Geocaching gehört. Das liegt daran, dass dieses abenteuerliche Hobby noch nicht sehr alt ist. Aber an einer Schnitzeljagd hast du bestimmt schon mal teilgenommen und jede Menge Spaß gehabt.

Bei einer Schnitzeljagd finden die Schnitzeljäger das Ziel mit Hilfe einer kurzen Beschreibung und Wegmarkierungen. Schon früher wurden auf diese und ähnliche Weise Spiele veranstaltet und aus Spaß Dinge gesucht. Bereits 1854 gab es in England ein solches Suchspiel, bei dem die Teilnehmer mit dem Kompass anhand einer Beschreibung und Karte das Versteck finden mussten. Das Spiel hieß Letterboxing – und auch heute noch gibt es solche Letterbox-Caches (siehe Seite 25).

Der erste Cache

Geocaching stammt ursprünglich aus Amerika. Dort, ganz in der Nähe der Stadt Portland, hat im Mai 2000 Dave Ulmer seinen ersten Cache versteckt. Damals hieß das Ganze noch „Stash" (auf Deutsch: „Geheimversteck"). Dave versteckte in einem Eimer: ein paar CDs, ein Buch, eine Steinschleuder, eine Videokassette und eine Konservendose mit Bohnen. Dann veröffentlichte er die Koordinaten 45°17'28"N, 122°24'48"W in einem Forum im Internet. Schon einen Tag später wurde das Versteck von Mike Teague gefunden. Die beiden haben damit den Grundstein für das heutige Geocaching gelegt. Als Erinnerung an den allerersten Cache bestaunen noch heute viele Geocacher die Überreste der damaligen Bohnendose auf großen internationalen Geocache-Veranstaltungen.

Wunderst du dich auch, warum die Schatzsuche heute „cache" heißt? Nach Daves erstem „stash" entbrannte eine heftige Diskussion. Denn mit diesem Begriff werden in Amerika auch fiese Verstecke von Schmugglern, Dieben und ähnlichen Schurken bezeichnet. Da aber die Schatzsuche gleich viele Freunde gewann, auch Familien mit Kindern, wurden die Verstecke in Caches umbenannt.

Warum so viele englische Wörter?

Weil Geocaching seinen Ursprung in Amerika hat, sind die meisten Begriffe in englischer Sprache. Im Geocaching-Wörterbuch auf S. 92 findest du die deutsche Übersetzung dieser Begriffe.

Schon gewusst?

Mittlerweile gibt es allein auf der weltweiten Plattform www.geocaching.com über 1,4 Millionen eingetragene Caches. Ungefähr 180.000 dieser Verstecke befinden sich in Deutschland. Es gibt also ganz gewiss auch welche in deiner Nähe!

Geocaching-Rekorde

Mittlerweile ist Geocaching zu einem beliebten Hobby für Groß und Klein, Alt und Jung geworden. Daher ist es nicht verwunderlich, dass es auch schon ganz erstaunliche Rekorde rund ums Geocaching gibt.

Die meisten Caches pro Tag:

Im Internet ist zu lesen, dass 2010 ein Team in Amerika an einem Tag, also in 24 Stunden, insgesamt 1157 Caches gefunden und geloggt hat. Am Straßenrand einer besonderen Strecke, dem sogenannten Powertrail am Alien Highway, gibt es über 1050 Caches. Obwohl diese Caches einfach zu finden sind, bedeutet dieser Rekord, dass das Team maximal eineinhalb Minuten pro Cache zur Verfügung hatte. Viele Geocacher möchten so einen Rekord aber nicht nachmachen. Sie nehmen sich lieber Zeit für die Suche und genießen die Orte und Wege, die sie bei ihrer Expedition entdecken.

Die meisten Cacher pro Tag:

Laut mehreren Geocaching-Plattformen haben am 10.10.2010 zum 10-jährigen Geocaching-Jubiläum weltweit über 67.000 verschiedene Cacher Schätze gesucht, gefunden und geloggt. Alle sind am gleichen Tag losgezogen und haben sich auf die Suche gemacht. Ganz schön was los auf der Welt!

Zugspitze

Der höchste Cache Deutschlands:

Der wohl höchste Cache Deutschlands befindet sich, wie könnte es anders sein, auf Deutschlands höchstem Berg: der Zugspitze. Auf 2692 m Höhe findest du einen Earth-Cache. Der wundervolle Gletscher ist nämlich eine geologische Besonderheit und wird nun von allen Geocachern voller Faszination bestaunt. Nur wenige Meter tiefer gibt es einen weiteren Cache für kletternde Geocacher zu entdecken.

Der tiefste Cache Deutschlands:

Und natürlich gibt es auch einen an der tiefsten Stelle Deutschlands: 3,54 m unter NN. Dieser Cache befindet sich in der Gemeinde Neuendorf in Schleswig-Holstein, die vom Innenministerium zur tiefsten Landstelle Deutschlands bestimmt wurde.

Schon gewusst?

NN ist die Abkürzung für „Normal-Null". Höhen und Tiefen der Erdoberfläche werden mit diesem Bezugswert angeben, der sich aus dem mittleren Meeresspiegel ergibt.

Bevor es richtig los geht ...

Wie bei allen Expeditionen ist eine sehr gute Vorbereitung absolut notwendig. Denn nur so hast du alles dabei, was du benötigst, bist im Notfall vorbereitet und kannst dein Geocaching-Abenteuer so richtig genießen.

Damit deine Geocaching-Expedition richtig gut läuft, solltest du unbedingt auf Folgendes achten:

✗ Gemeinsam auf Geocaching-Tour zu gehen, macht viel mehr Freude und bietet dir vor allen Dingen Sicherheit. Frage deine Freunde und Eltern, ob sie dich begleiten.

✗ Auch wenn deine Eltern nicht mitgehen, solltest du sie über deine Pläne ganz genau informieren. Anmeldungen im Internet, Routen durch das Gelände und deine zeitliche Planung sprichst du mit ihnen ab. So kann schon vorweg eine gefährliche Situation vermieden und im Notfall schnell gehandelt werden.

✗ Informiere dich immer gut über die Gegend, in der du den Cache suchen willst. Überlege dann, auf was du achten musst: Wie gehe ich achtsam mit der Natur um, worauf muss ich in der Stadt achten?

✗ Bist du fit und gesund? Wenn ja – prima, los geht's! Wenn nein – erhole dich vorher vollständig und starte dann gut gelaunt in dein Abenteuer!

FINNs TIPP!

Sprich mit deinen Freunden und Eltern vor der Tour verschiedene Notfallsituationen durch. Wer vorher überlegt hat, was in gefährlichen Momenten zu tun ist, kann besser reagieren und gerät nicht so leicht in Panik. Außerdem gibt es dir Sicherheit und hilft dir dabei, erst gar nicht in eine Notfallsituation zu kommen.

Los geht's – lass uns den Schatz heben!

Gut vorbereitet sein!

Geocaching-Webseiten

Zuallererst musst du dich im Internet bei einer der verschiedenen Organisationen anmelden. Denn nur so kommst du an eine Cache-Beschreibung heran. Die Anmeldungen bei den unterschiedlichen Webseiten sind ganz einfach. Doch bei welcher sollst du dich überhaupt anmelden? Welche Organisation ist gut? Sichte mit deinen Eltern die verschiedenen Organisationen und entscheidet euch dann für diejenige, die euch am meisten zusagt.

Diese Informationen machen euch die Entscheidung leichter:

Datenbanken

www.geocaching.com

Das ist die erste professionelle und mittlerweile bekannteste Datenbank und Geocaching-Internetseite. Wer angemeldet ist, kann auf übersichtlichen Seiten in einer weltweiten Datenbank mit über 1,5 Millionen registrierten Caches das Passende suchen und vor allem auch übersichtlich loggen. Die Sprache kann nach der Anmeldung auf den meisten Seiten von Englisch auf Deutsch geändert werden. Eigene Caches lassen sich sehr gut anlegen und verwalten. Auch die meisten Trackables und Geocoins können eintragen und mit Weltkarte und Entfernungsangaben übersichtlich verfolgt werden.

www.opencaching.de

Diese Seite ist eine nationale Alternative zur weltweit agierenden geocaching.com-Seite. Sie ist mit der deutschsprachigen Homepage www.geocaching.de verknüpft. Wer mit Englisch nicht so gut klar kommt und es lieber etwas kleiner mag, ist bei dieser Organisation genau richtig. Die Auswahl an Caches ist geringer und entspricht oft dem Duplikat eines Caches, der bereits bei geocaching.com eingetragen wurde. Die Seiten sind übersichtlich gestaltet und bieten auch für eigene Caches eine gute Plattform. Insgesamt eine schöne Alternative.

www.navicache.com

Der Text auf dieser Webseite ist hauptsächlich in englischer Sprache verfasst. Mittlerweile sind auch hier mehrere tausend Caches in Deutschland eingetragen. Die Homepage wirkt etwas unübersichtlicher und weniger professionell, ist aber ebenfalls eine gute Alternative zu den „großen" Seiten.

Am besten schaust du dir die unterschiedlichen Webseiten einfach mal an, entscheidest dich für eine und probierst es einfach mal aus. Wie du dich anmeldest, erfährst du auf Seite 12. Und wenn du nicht mehr angemeldet sein willst, kannst du dein Profil jederzeit wieder löschen.

Weitere hilfreiche Webseiten

Auf diesen Seiten im Internet bekommst du zusätzlich wertvolle Informationen, die dir beim Organisieren deiner Geocaching-Touren helfen:

Hilfsmittel für die Schatzsuche

Die Wherigo-Seite **www.wherigo.com** wird ebenfalls von Groundspeak (www.geocaching.com) betrieben und bietet Hilfsmittel für die virtuelle Schatzsuche. Es gibt verschiedene Programme und Karten, die du kostenlos herunter laden kannst, um einen Wherigo-Cache erfolgreich zu suchen und zu finden. Bevor du aber etwas auf den Computer programmierst, solltest du unbedingt deine Eltern fragen! Danach kannst du mit Wherigo eine tolle Kombination aus virtuellen Spielstationen und wirklichen Caches erleben.

WHERIGO

Webcam-Service

Die beiden Webseiten **www.elachimo.de** und **www.gummiseele.de** bieten einen kostenlosen Service, mit dem sich prima Webcam-Caches loggen lassen. Bei einem Webcam-Cache ist nämlich das Foto, das eine fest installierte Kamera von dir aufnimmt, der eigentliche Cache. Dort gibt es keine extra Cachebox. Aber selten sitzt jemand den ganzen Tag vor dem Bildschirm und wartet darauf, dass du am Cache vor die Linse trittst. Diese Aufgabe übernehmen die Webseiten, auf denen du, wenn du wieder heil zu Hause angekommen bist, ganz einfach dein Foto findest. So kannst du ganz gemütlich deinen Fund loggen.

Austausch mit Geocachern

Wer sich mit anderen Geocachern austauschen möchte, einen besonderen Tipp benötigt oder sich über die neuesten Dinge informieren will, ist in diesen beliebten Foren **www.geocache-forum.de** und **www.geoclub.de** genau richtig. Hier kannst du alles über das Geocachen erfahren, einfach nur stöbern oder fleißig mitdiskutieren. Einen Blick reinzuwerfen lohnt sich auf jeden Fall.

FINNs TIPP!

Natürlich gibt es noch viele weitere interessante und hilfreiche Webseiten. Am besten gibst du in eine (Kinder-)Suchmaschine (etwa www.fragfinn.de/kinder-liste.html) den Begriff „Geocaching" ein und klickst dich durch die Ergebnisse.

Im Internet anmelden

Egal, ob du dich für www.opencaching.de oder www.geocaching.com entschieden hast – die Anmeldung ist ganz einfach und in der Regel kostenlos. Bitte melde dich dennoch nur gemeinsam mit deinen Eltern an! Deine Erziehungsberechtigten sollten deine Daten freigeben und können dabei sicherstellen, dass nicht versehentlich kostenpflichtige Verträge abgeschlossen werden.

Wichtig!

Alle seriösen Datenbanken bieten eine kostenlose Anmeldung an. Sobald jemand Geld von dir will: Finger weg! Probiere erst aus, ob dir das Hobby langfristig Spaß macht. Erst dann lohnen sich Premium-Mitgliedschaften für einen geringen Beitrag.

So meldest du dich an

Nachdem du deine Wunschseite im Internet geöffnet hast, klickst du zum Anmelden auf das Feld „Registrieren" oder „Register". Es erscheint eine Seite mit verschiedenen Feldern, die du ausfüllen musst. Meist handelt es sich dabei um Angaben zu deiner Person: Name, Adresse und E-Mail.

Gib auch deine Heimkoordinaten, also der genaue Standort deines Zuhauses, frei. Damit erleichterst du dir später erheblich die Suche nach einem Cache direkt in deiner Nähe.

Gestatten: Mein Name ist ...

Nun suche dir einen lustigen Spitznamen aus. Mit diesem Namen loggst du dich im Logbuch des Caches und im Internet ein. Deinen richtigen Namen solltest du nicht nennen. Benutze einfach überall deinen Spitznamen. Das ist sicher und bei den Geocachern üblich.

Du weißt nicht, wie du dich nennen willst? Wie wäre es zum Beispiel mit: Dosenfänger, Cache-Agent, GPS-Kid, Chacheolino, Cache-König, Spürnase, Schatzfinder

Dein Merkzettel

Hier kannst du deine Daten eintragen. Dann hast du sie immer zur Hand, wenn du sie brauchst:

_____
Webseite / Organisation

_____
Spitzname

_____
Passwort

Einen Cache aussuchen

Nachdem du dich auf einer Webseite angemeldet hast, kannst du dir einen Cache aussuchen. Die unterschiedlichen Webseiten stellen dafür verschiedene Suchfunktionen zur Verfügung. Für deine ersten Geocaching-Touren suchst du dir möglichst nahegelegene Caches, also die Listings, die ganz in deiner Nähe sind. Oft findest du eine Landkarte, auf der alle umliegenden Caches mit deren Symbolen zu sehen sind. So lassen sich Art des Caches und Entfernung prima erkennen. Später kannst du auch nach Cache-Namen, verschiedenen Orten und vielen weiteren Kriterien suchen.

Sprache Deutsch wählen

Wenn du bei www.geocaching.com angemeldet bist, solltest du erst einmal die Sprache von Englisch auf Deutsch umstellen. Das kannst du in deinem Profil/Account machen. Klicke einfach auf „Your Account Details" und gehe dann zu dem Bereich „Your Preferences". Wenn du nun auf „Change" klickst, änderst du deine Sprachauswahl. Jetzt ist es für dich ein bisschen einfacher, denn viele Seiten erscheinen nun in Deutsch.

So ist ein Listing aufgebaut

Im Listing findest du alle Informationen, die zu einem Cache gehören. Der Aufbau ist bei den einzelnen Organisationen für jeden Cache immer gleich, von Plattform zu Plattform unterscheidet er sich jedoch ein wenig. Grundsätzlich findest du im Listing aber stets folgende Informationen:

✗ Cache-Name sowie die individuelle GC-Nummer (GeoCache-Nummer)

✗ die Nordkoordinaten und die Ostkoordinaten für dein GPS

✗ wer den Cache versteckt hat

✗ wann der Cache versteckt wurde

✗ Größe der Dose, Schwierigkeitsgrad und Terrain

✗ Cache-Beschreibung mit Hintergrundinformationen, Erklärungen und Hinweisen zu Stationen und Ausrüstung

✗ Hinweise und Fotos

✗ Log-Einträge der anderen Geocacher

Je nachdem, wo und welchen Cache du dir anschaust, findest du noch ein paar weitere nützliche Details. Grundsätzlich solltest du dir immer alles ganz genau durchlesen, denn dadurch erfährst du bereits sehr viel über den Cache und den Weg dorthin. Das erleichtert dir später die Suche!

Wichtig!

Caches, deren Name durchgestrichen ist, sind zu diesem Zeitpunkt inaktiv. Sie sind entweder defekt, verschwunden oder ähnliches. Hier brauchst du also nicht suchen. Der Weg wäre umsonst.

Einen passenden Cache auswählen

Jetzt wird es richtig spannend: Du suchst dir die Caches für deine große Geocaching-Expedition aus. Es gibt ein paar Kriterien, die dir bei der Auswahl eines passenden Caches helfen.

✗ Der Cache sollte mindestens die Größe small oder besser noch regular haben. Meist kannst du diese besser finden als beispielsweise einen Nano (siehe dazu Seite 29). In etwas größeren Dosen findest du außerdem häufig noch etwas zum Tauschen. Da macht Geocaching gleich noch mehr Freude!

✗ Achte auf die Bewertung von Terrain und Schwierigkeit. Sei beim ersten Cache lieber nicht zu ehrgeizig. Wichtiger ist doch der Spaß bei und Erfolg am Ende der Suche. Fange am besten mit einem leichten Cache an und steigere dich dann langsam (siehe Seite 31). So bekommst du ein Gefühl für die Bewertungsstufen und überforderst dich nicht.

✗ Lies dir die Logeinträge genau durch. Wenn darin von Problemen und Schwierigkeiten berichtet wird, solltest du dir erst mal einen anderen Cache aussuchen.

✗ Achte auf die Eigenschaften der Caches. Meist ist angegeben, ob er auch für Kinder geeignet ist, mit oder ohne Fahrrad erreicht werden kann und auch zu allen Jahreszeiten zu finden ist.

✗ Schau, ob es mehrere geeignete Caches in deiner Umgebung gibt. Meist macht der erste Cache so viel Spaß, dass man gleich noch einen suchen möchte. Wäre doch schade, wenn du dann nicht vorbereitet wärst und dir erst noch einen weiteren zu Hause im Internet suchen müsstest!

Nun solltest du den ausgewählten Cache ausdrucken und dir darauf ein paar Notizen machen. Hinweise aus den Logeinträgen und vom Owner sind oft sehr wertvoll.

Hier kannst du notieren, welche Caches du dir ausgesucht hast und welche du gerne finden möchtest!

Cache-Name:

GC-Nummer:

Bewertung:

Sonstiges:

Cache-Name:

GC-Nummer:

Bewertung:

Sonstiges:

Cache-Name:

GC-Nummer:

Bewertung.

Sonstiges:

Cache-Name:

GC-Nummer:

Bewertung:

Sonstiges:

Cache-Name:

GC-Nummer:

Bewertung:

Sonstiges:

Cache-Name:

GC-Nummer:

Bewertung:

Sonstiges:

Die richtige Ausrüstung

Eigentlich benötigst du gar nicht so viel für eine Geocaching-Expedition, außer deinem ausgewählten Cache, einem GPS-Gerät und jede Menge Forscherlust. Trotzdem gibt es natürlich das eine oder andere Hilfsmittel, das dir auf deinem Abenteuer gute Dienste leisten kann und unbedingt mit in deinen Geocaching-Rucksack gehört.

Das brauchst du auf jeden Fall:

✗ Einen stabilen Rucksack, in den du deine Ausrüstung packen kannst: Irgendwelche Beutel, Umhängetaschen oder Notlösungen werden dir auf Dauer keine Freude bereiten. Die Wege sind manchmal lang, da sollte das Gepäck schon bequem zu tragen sein. Außerdem ist es hilfreich, wenn du beide Hände für die Suche frei hast. Schließlich musst du dein GPS und die Cache-Beschreibung auch noch halten. Am besten suchst du dir einen stabilen Rucksack mit ausreichend Rückenpolsterung. Deine Expedition soll schließlich Freude machen und nicht aufgrund schmerzender Schultern zur Qual werden.

✗ Deine Cache-Beschreibung mit deinen Notizen.

✗ Stift (am besten Bleistift) und Notizbuch: Meist benötigt man beides, um notwendige Rechnungen oder Rätsel zu lösen. Außerdem ist nicht jeder Cache so groß, dass bereits ein Stift bereit liegt. Wäre doch schade, wenn du dich am Ende nicht ins Logbuch eintragen könntest, nur weil ein Stift fehlt.

✗ Erste-Hilfe-Notfalltasche: Diese Tasche gibt es oft schon fertig für den Freizeitbedarf zu kaufen. Sie sollte Pflaster, Mullbinden, Desinfektionsmittel, Dreieckstücher, Insektenschutzmittel, Zeckenzange und eine kleine Schere enthalten. Packe auch homöopathische Arnica-Globuli und Bachblüten-Notfallbonbons ein. Arnica-Globuli helfen dir bei Prellungen, Verstauchungen und blauen Flecken (3–5 Kügelchen unter deiner Zunge zergehen lassen). Bachblüten-Notfallbonbons helfen, wenn du plötzlich Angst bekommst, aufgeregt bist oder dir weh getan hast (einfach 1 Bonbon lutschen).

✗ Und natürlich dein GPS! Mehr dazu erfährst du auf Seite 21.

Was du sonst noch brauchst

Neben der Grundausrüstung gibt es aber noch viele weitere Dinge, die du für deine Geocaching-Expedition gut gebrauchen kannst:

✗ **Pinzette:** am besten eine dünne, spitze Pinzette, mit der sich verklemmte Logbücher und Caches aus den Verstecken ziehen lassen.

✗ **Ersatzbatterien:** Du solltest auf jeden Fall ein paar Ersatzbatterien für alle elektronischen Geräte dabei haben. Es wäre doch zu schade, wenn dein GPS oder die Taschenlampe mittendrin den Geist aufgeben und dich zum Umkehren zwingen.

✗ **Multifunktionstaschenmesser:** Gerade im Wald ist ein solches Taschenmesser besonders hilfreich. Auch der integrierte Schraubenzieher leistet häufig wertvolle Dienste. Gibt es auch mit abgerundeter Spitze.

✗ **Taschenlampe:** Nicht nur bei Nacht-Caches solltest du eine kleine Taschenlampe dabei haben. Vermutlich habt ihr schon eine zu Hause, ansonsten gibt es mittlerweile auch LED-Lampen zu günstigen Preisen. Mit Licht kannst du Höhlen, Wurzelverstecke, Löcher und Felsspalten deutlich leichter nach dem Cache absuchen.

✗ **Feuchttücher:** Oft macht man sich beim Cachen die Hände schmutzig. Das macht nichts. Wer aber anschließend ins Logbuch schreiben, etwas essen oder einfach wieder saubere Finger haben möchte, sollte eine Packung Feuchttücher griffbereit haben.

✗ **Handschuhe:** Die meisten Cacher haben ein paar dünne Gummihandschuhe im Gepäck, denn manche Caches sind ziemlich schmutzig oder von Spinnweben, kleinen Tierchen und deren Ausscheidungen überzogen.

✗ **Draht, Magnet und Zollstock:** Diese Dinge können dir helfen, einen Cache aus seinem Versteck zu angeln.

✗ **Handy:** Ein Telefon sollte immer dabei sein. So kannst du im Notfall jederzeit Hilfe holen oder dir beim Lösen von Rätseln helfen lassen. Auch als Taschenrechner ist ein Handy gut geeignet.

✗ **Tauschgegenstände:** Je nach Cache-Größe kannst du Dinge tauschen. Was gut dafür geeignet ist und was nicht, erfährst du auf Seite 20.

So wird die Ausrüstung komplett

Zu einer optimalen Ausrüstung gehört natürlich auch die passende Kleidung!

Wer nicht gerade nach dem Cache neben der heimischen Kirche sucht, sondern sich in Wald, Feld und Wiesen aufhält, sollte unbedingt lange strapazierfähige Hosen anziehen. Brennnesseln, Dornen und kratziges Unterholz werden sonst schnell zum Spielverderber. Außerdem schützt lange Kleidung vor Zecken und anderen Waldbewohnern. Feste und vor allem geschlossene Schuhe sind natürlich ebenso wichtig. Wer über Wurzeln geht, auf Baumstämme klettert und den einen oder anderen Abhang hoch oder runter will, sollte auf festen Füßen stehen.

Je nach Jahreszeit, Wetterlage und Cache-Versteck sind Regenkleidung und Gummistiefel, Schneeanzug und Schneeschuhe ratsam. Aber auch bei strahlendem Sonnenschein solltest du nicht vergessen, dich entsprechend zu kleiden. Sonnenhut oder Käppi und ausreichend Sonnenschutz sind wichtig!

Essen nicht vergessen

Zum Schluss noch eine ordentliche Verpflegung einpacken. Nicht immer hast du den Cache gleich gefunden, schnell vergeht dann bei der Suche die Zeit. Und je mehr Zeit vergeht, umso größer werden Hunger und Durst. Außerdem macht ein Picknick unterwegs unheimlich viel Spaß. Daher solltest du unbedingt:

- ✗ **genug Getränke einpacken:** Wasser ist besonders gut geeignet. Es lässt sich bei jeder Temperatur trinken, löscht den Durst und du kannst es bei Bedarf auch zum Reinigen von Wunden oder dreckigen Händen nutzen.

- ✗ **Traubenzucker und einen Müsliriegel einstecken:** Beides liefert schnell Energie, wenn du sie brauchst.

- ✗ **Obst, Gemüse und Vollkornbrote** bevorzugen, denn sie sättigen und geben dem Hunger über lange Zeit keine Chance. Außerdem liefern sie wertvolle Vitamine, Mineralien und Ballaststoffe.

Nun wird gepackt

Wenn du weißt, was du alles zu deiner geplanten Tour der Jahreszeit und der vorhergesagten Wetterlage entsprechend mitnehmen musst, legst du dir deine Ausrüstung zurecht. Jetzt wird gepackt.

Rucksack packen leicht gemacht

Es gibt ein paar Tipps und Tricks, die du beim Packen deines Rucksacks beachten solltest:

✗ Packe schwere Dinge, wie zum Beispiel deine volle Trinkflasche, nach unten – am besten an die Innenseite Richtung Rücken.

✗ Auch wenn du sie hoffentlich niemals brauchen wirst, müssen deine Notfallausrüstung und Erste-Hilfe-Tasche schnell und gut erreichbar sein. Da die Sachen meist leicht sind, lohnt es sich, alles in eines der Extrafächer vorne oder seitlich am Rucksack zu stecken.

✗ Verpacke deine Sachen wasserdicht. Manche Rucksäcke haben einen extra Regenschutz. Es reicht aber auch aus, empfindliche Ausrüstungsgegenstände in eine wasserfeste Tüte zu stecken. So sind die wichtigsten Dinge vor Nässe und plötzlichem Regen geschützt.

Setze nun einmal den gepackten Rucksack auf – na, wie fühlt er sich auf den Schultern an? Ist er jetzt zu schwer, dann gehe noch einmal alle Ausrüstungsgegenstände durch und verabschiede dich von denen, die nicht unbedingt nötig sind.

Gut geschützt hilft!

Tauschgegenstände

Um die erfolgreichen Geocacher für ihren Fund zu belohnen, haben manche Owner kleine Geschenke in ihre Dosen gelegt. Damit nicht der Owner allein ständig neue Dinge besorgen und vor allem bezahlen muss, werden heute oftmals Sachen getauscht. In vielen größeren Caches findest du daher einige Tauschgegenstände. Das können ganz unterschiedliche Dinge sein.

Manche Caches haben ein bestimmtes Thema, das bereits im Titel oder der Cache-Beschreibung genau beschrieben wird. So existieren bereits Caches für Bücher, Glasperlen oder kleine Spielzeugautos. Gibt es diese Vorgaben, solltest du dich unbedingt daran halten, um den Spaß und Sinn des Caches nicht zu verderben. Gibt es keine Vorgaben, kannst du tauschen, was du möchtest.

FINNs TIPP!

Als Tauschgegenstände eignen sich besonders gut:

✗ Schlüsselanhänger

✗ Spielzeugautos

✗ schöne Murmeln

✗ Münzen

✗ kleines Knobelpuzzle

✗ Anstecker und Pins

Nicht tauschen solltest du:

✗ Lebensmittel

✗ Waffen

✗ verbotene und defekte Dinge

✗ Müll oder Gegenstände, die schnell kaputt gehen.

✗ Unbeliebt sind auch Überraschungseier, Basteleien und Plastikspielzeug von Fastfood-Ketten.

Das Schöne beim Cachen ist, dass du nichts tauschen musst, etwa wenn dir in der Box nichts gefällt oder du keinen Tauschgegenstand hast. Das ist kein Problem. Dann trägst du dich einfach, ohne etwas zu entnehmen, ins Logbuch ein.

Das richtige GPS-Gerät

Am Anfang stehen viele Geocacher vor der großen Frage: Welches GPS-Gerät ist das richtige für mich? Mittlerweile gibt es in den Läden und im Internet viele gute und auch günstige Geräte, die für den Einstieg auf jeden Fall ausreichen. Du musst nicht sofort ein teures GPS kaufen, das mit jedem Schnickschnack ausgerüstet ist. Auf ein paar Dinge solltest du beim Kauf dennoch achten.

Dein Gerät sollte:

✗ einen guten Empfang haben
✗ ständige Positionsbestimmung ermöglichen
✗ per Batteriebetrieb laufen oder eine sehr hohe Akkulaufzeit haben
✗ einfach zu bedienen und
✗ robust und wasserfest sein

Mit oder ohne Landkarte?

Für das Geocaching benötigst du nicht zwangsweise ein GPS-Gerät mit integrierter Landkarte. Für Einsteiger reichen die Geräte ohne gespeicherte Landkarte völlig aus. Das spart Kosten und die Geräte sind meist sehr einfach zu bedienen. Viele mögen es aber, wenn sie nicht nur einem Pfeil folgen, sondern auch genau sehen können, wie der dazugehörige Weg verläuft. Mit einer Landkarte kannst du zudem die Umgebung besser erkennen und Pfade leichter finden. Allerdings sind diese GPS-Geräte auch entsprechend teurer.

Bevor du dir ein GPS-Gerät kaufst, schau dir die Bewertungen der Geräte im Internet einmal genauer an. Noch besser ist es, wenn du jemanden kennst, der regelmäßig auf Schatzsuche geht und dir ein Gerät empfehlen kann.

FINNs TIPP!

Geocaching ohne GPS-Gerät

Dazu druckst du beispielsweise die Listings deiner Wunschcaches aus. Zusätzlich dazu gibst du die Koordinaten vorher in einer Online-Karte ein und druckst diese ebenfalls aus. Mit diesen Informationen kannst du den einen oder anderen Cache gut finden.

Auch mit den modernen Smartphones und den dazugehörigen Programmen (Apps) lassen sich Caches auch ohne GPS-Gerät gut finden. Melde dich hierzu ebenfalls bei einer der Organisationen im Internet an (geocaching.com hat viele Kooperationspartner) und klicke dich dann auf dem jeweiligen Smartphone in das Menü, um Programme herunter zu laden. Gebe bei der Suchfunktion „Geocaching" ein. Nun erscheinen meist mehrere Möglichkeiten, mit denen Geocaching richtig Spaß macht. Lies dir die Angebote und deren Bewertungen gut durch. Oft erhältst du für wenig Geld tolle Programme.

Das Wichtigste über Caches

Aber was ist eigentlich ein Cache? Nicht nur im Wald versteckte Boxen gehören zur großen Welt der Geocaches. Es gibt mittlerweile eine Vielzahl an unterschiedlichen Schätzen, die sich in ihrer Form, Größe, Schwierigkeitsgrad und Machart unterscheiden.

Traditional-Cache: Tradi

Der Traditional-Cache wird von den Geocachern oft liebevoll Tradi genannt. Tradis sind am häufigsten verbreitet und meist auch die einfachsten Caches. Es gibt nämlich nur eine Koordinatenkombination, die im Internet angegeben wird und von dir mit deinem GPS gefunden werden muss. Die angegebenen Orientierungspunkte führen die Schatzsucher direkt zum Versteck. Bei einem Tradi müssen keine Rätsel gelöst oder verschiedene Stationen überwunden werden. Dennoch haben es so manche Tradis ganz schön in sich.

Multistage-Cache: Multi

Der Multi-Cache ist am zweithäufigsten zu finden. Die Koordinaten aus der Cache-Beschreibung sind hierbei nur der Startpunkt. Ab jetzt musst du auf deiner Suche verschiedene Aufgaben lösen oder Hinweise finden, um die nächsten Wegpunkte zu erhalten. Station für Station kommst du dem Ziel näher, bis du irgendwann die Koordinaten des Finals in der Hand hältst und endlich den Schatz heben kannst.

Schon gewusst?

Der Begriff „Multi" stammt ursprünglich aus der lateinischen Sprache. Er bedeutet übersetzt: viele. Wer viele Millionen besitzt, ist ein Multimillionär. Und auch dein Multivitaminsaft heißt so, weil er viele Vitamine enthält.

Mystery-, Rätsel-, Unknown- oder Puzzle-Cache

Diese Form des Caches hat viele Namen. Das liegt daran, dass die Aufgabenstellung meist etwas kniffliger ist. Zu Beginn musst du die in der Cache-Beschreibung angegebenen Rätsel oder Puzzle lösen. Dazu ist oft ein bisschen Recherche vor Ort oder im Internet nötig. Die angegebenen Koordinaten liegen nämlich lediglich in der Nähe des Ziels. Die Zielkoordinaten erhältst du erst beim Lösen des Rätsels.

Ein Mystery-Cache befindet sich oft auch als Bonus am Ende einer Cache-Serie. In den einzelnen Stationen der Serie verbergen sich Hinweise auf die Koordinaten des Bonus-Cache. Wer alle einzelnen Verstecke gefunden hat, darf zur Belohnung den Mystery-Schatz heben. Die Koordinaten sind nur auf diesem Wege erhältlich.

Webcam-Cache

Einen Webcam-Cache erfolgreich zu loggen ist manchmal recht schwierig. Es geht hierbei nämlich darum, dass du dich von einer bereits installierten Kamera fotografieren lässt. Entweder nutzt du dafür einen Webcam-Service oder fragst einen Freund, ob er am Computer sitzen und das Foto festhalten kann. Dieses Bild muss häufig zur Logfreigabe per E-Mail an den Owner (den Besitzer) des Caches geschickt oder beim Log angefügt werden. Es ist dein Beweisfoto, dass du die Kamera und somit den Cache gefunden hast. Da Fotos von dir aber etwas sehr Persönliches sind und auch viele Geocacher nicht ihre Bilder ins Internet stellen möchten, werden heutzutage keine neuen Webcam-Caches mehr freigegeben. Bestehende Webcam-Caches kannst du jedoch weiterhin loggen. Webcam-Caches sind somit vom Aussterben bedroht.

Earth-Cache

Diese Caches zeigen dir ganz besondere und einzigartige Dinge der Natur. Hier wird Wissen und Erdgeschichte vermittelt. Deshalb prüfen auch Wissenschaftler jeden Earth-Cache, ob es sich hierbei tatsächlich um eine geologische Besonderheit handelt. Earth-Caches befinden sich an Orten, an denen du die Entstehung der Landschaft erfahren und interessante Phänomene verstehen kannst. Spannendes Wissen und wundervolle Gegenden warten dort auf dich. Viele Informationen findest du meist schon in der Cache-Beschreibung und vor Ort. Diese Caches sind also nicht nur schön, sondern machen auch schlau! Earth-Caches gibt es etwa auf dem Zugspitzgletscher, dem Geolehrpfad Winkelberg oder der Ostsee-Insel Fehmarn.

Earth-Cache in München

Virtueller Cache

Wie der Name schon verrät, wird hier keine echte Dose oder Box gesucht. Meist musst du einen bestimmten Punkt aufsuchen, um dem Besitzer später eine spezielle Frage zu dem Ort beantworten zu können. Manchmal sollst du auch ein Beweisfoto machen. Erst dann bekommst du die Freigabe, also die Erlaubnis, den Cache auch erfolgreich im Internet zu loggen. Dadurch kannst du besondere Orte kennenlernen, ohne aber einen Cache verstecken oder suchen zu müssen.

Letterbox-Cache

Letterbox-Caches ähneln den Multi-Caches sehr, da sie häufig aus mehreren Stationen oder Hinweisen bestehen. Meist sind die Boxen ohne GPS nur mit Hilfe einer genauen Wegbeschreibung zu finden. Auch die Stempel von damals sind heute noch aktuell. Wer eine Letterbox entdeckt, kann mit dem innenliegenden Stempel sein eigenes Tourenbuch abstempeln. Letterbox-Liebhaber haben häufig einen persönlichen Stempel.

Wherigo

Diese Cache-Variante verbindet virtuelle Elemente und Hinweise mit der reellen Suche vor Ort. Du benötigst dazu spezielle Wherigo Player, die du kostenlos auf **www.wherigo.com** herunterladen kannst. Damit kannst du die sogenannten Cartridges, also die Cache-Beschreibung und die nötigen Hilfsmittel, laden und abspielen. Wherigos sind wie ein Computerspiel in der Natur, denn du musst auf deinem Weg zum Wherigo virtuelle Gegenstände und Hinweise einsammeln, findest am Ende aber eine echte Dose und trägst dich ins Logbuch ein.

Das Einsammeln unterwegs funktioniert so: Der Wherigo Player lädt verschiedene Dinge auf dein GPS, sobald du dich an den richtigen Koordinaten befindest. Stehst du zu weit davon entfernt, passiert nichts.

Hier ein kleines Beispiel: Am Startpunkt erhältst du ein virtuelles Kaugummi. Das kannst du im Spiel kauen, bis du zur nächsten Station kommst. Dort piepst dein Gerät wieder und du bekommst einen Stock dazu. Noch ist nicht klar, was du damit tun sollst. Also gehst du zu den nächsten Koordinaten. Dort ist ein Loch. Mmmhh, was nun? Du kannst im Player dein weiches Kaugummi an die Spitze des Stocks kleben und diesen in das Loch stecken. So holst du eine Dose mit neuen Koordinaten aus dem Versteck. Das alles geschieht, während du in der Natur stehst und eigentlich nur dein GPS in den Händen hältst. Die Koordinaten in dieser virtuellen Dose führen dich dann zu der echten Dose, die versteckt wurde.

Nacht-Cache

Jetzt geht es um einen ganz ausgefallenen Cache: den Nacht-Cache. Er hat kein eigenes Symbol und kann aus jeder Cache-Art bestehen. Meist handelt es sich aber um Multi-Caches mit mehreren Stationen, die du finden musst.

Die Besonderheit ist, wie der Name schon sagt, dass die Stationen nur nachts gefunden werden können. Es muss dunkel sein, damit du die Hinweise überhaupt erkennen kannst. Mit deiner Taschenlampe musst du auf der Suche Reflektoren finden und anleuchten, die dir Hinweise auf den weiteren Weg geben. Diese Reflektoren am Tag zu finden ist oft sehr schwer. Also warte ruhig, bis die Dunkelheit einbricht und du zur Schatzsuche mit Gänsehautgarantie aufbrechen kannst.

Lost-Place-Cache

Diese besondere Art der Caches führt Schatzsucher an alte, fast schon vergessene Orte – sogenannte lost places (auf Deutsch: verlorene Plätze). Dabei handelt es sich meist um alte Gebäude, leere Fabriken oder stillgelegte Militärgelände.

Lost-Place-Caches sind zwar sehr spannend, aber manchmal auch nicht ungefährlich. Abgesehen davon, dass die Gebäude kein öffentliches Gelände sind und hin und wieder von Sicherheitsfirmen überwacht werden, ist es gefährlich in Ruinen und zerfallenen Häusern rumzulaufen.

Ich rate dir daher: Überlege dir gut, ob der Lost-Place-Cache wirklich für dich geeignet ist und gehe nur mit einem oder mehreren Erwachsenen auf die Suche.

Abends werde ich wach!

Event-Cache

Ein Event-Cache ist ein Zusammentreffen von Geocachern. Dabei kann es sich um eine Art „Stammtisch" handeln, bei dem regelmäßig Cacher aus einer Gegend zusammen kommen. Dort reden sie über ihre neuen Funde, über Tipps und Tricks und mögliche neue Verstecke, eben über alles, was mit Geocaching zu tun hat.

Es gibt aber auch Event-Caches, die einmalig sind oder sich nur selten wiederholen. Wenn du eine tolle Idee hast, kannst du ein Event veranstalten. Diesen stellst du wie einen normalen Cache auch im Internet ein. Die Geocacher melden sich dann über einen Log an.

Event-Caches sind oft auf eine bestimmte Teilnehmerzahl begrenzt. Denn nach dem gemeinsamen Geocachen wird noch zusammengesessen, gefeiert und geredet. Oftmals haben diese Treffen auch ein bestimmtes Motto oder einen Anlass.

CITO

CITO bedeutet: „cash in – trash out" und ist ein weltweit verbreiteter Event-Cache. Hierbei geht es den Geocachern nicht nur um das Finden von schön gestalteten Dosen und ein nettes Kennenlernen. Sie engagieren sich auch für den Naturschutz und helfen beispielsweise den Gemeinden dabei, die Wälder und Umgebung von Müll zu befreien. Beim CITO versteckst du neue Caches, entdeckst alte Caches und sammelst nebenbei den umherliegenden Müll ein. Und am Ende eines solchen Events sind ganz beachtliche Berge Abfall zu bestaunen, die nun die Natur nicht mehr verschmutzen.

Die Stadtmeisterschaften

Ein weiterer beliebter Event ist die Geocacher-Stadtmeisterschaft. Sie wird jedes Jahr einmal ausgetragen und zwar immer in der Stadt, in der der Geocacher wohnt, der beim letzten Mal gewonnen hat. Wenn also 2011 ein Münchner gewinnt, findet die Stadtmeisterschaft 2012 in München statt. Im Internet findest du die jeweiligen Termine, z.B. auf der Seite **www.geocaching-stadtmeisterschaft.info**.

FINNs TIPP!

Viele Events sind auch auf der Seite **www.eventcaches.de** eingetragen.

Cache-Serien

Einige Caches lassen sich sehr gut unter einem Motto zusammenfassen. Viele Verstecke, die aus irgendeinem Grund zusammengehören, nennen sich Serien. Diese Serien sind bei Geocachern sehr beliebt. Dies liegt an den besonderen Themen und auch an den Gebieten, in denen sie ausgelegt werden.

Serien für einen bestimmten Anlass

Die Gemeinschaft der Geocacher wird immer größer. Daher kommt es immer häufiger vor, dass befreundete Geocacher sich gegenseitig eine „Cache-Serie" schenken. Ob zum Geburtstag, zur Geburt des neuen Geocachers oder zur Hochzeit – Gründe gibt es genug. So hat zum Beispiel ein Geocacher-Team zum 30. Geburtstag eines Freundes insgesamt 30 Dosen versteckt. Das Geburtstagskind durfte als Erster auf die Suche gehen und hat sich riesig über die neue Serie gefreut. Anschließend dürfen natürlich auch alle anderen fleißig suchen und finden.

Aber auch zur Fußball-Weltmeisterschaft, für Wettbewerbe und als Adventskalender mit 24 Dosen wurden bereits Serien versteckt.

Serien zu einem bestimmten Thema

Besonders beliebt sind Serien mit einem bestimmten Motto. Oft schließen sich mehrere Geocacher deutschlandweit zusammen, um ihren Beitrag zu dieser Serie zu leisten.

Unter den Serien finden sich aber auch Themen wie zum Beispiel Hunderassen oder spezielle Strecken für Motorradfahrer.

Es gibt zum Beispiel Cache-Reihen zu folgenden Themen:

✗ Kirchen und Kreuze
✗ Autobahn-Caches
✗ besondere Automaten
✗ Telefonzellen

Serien für eine bestimmte Strecke

Serien sind auch dann sehr schön, wenn sie eine bestimmte Strecke in der Natur markieren oder entlang einiger Sehenswürdigkeiten in einer Stadt verlaufen. Es gibt solche Serien im Wald, um Seen herum, entlang von stillgelegten Bahnstrecken, an Fahrradwegen und Trimm-Dich-Pfaden. Und auch in Städten nehmen die Serien zu, denn sie zeigen die Besonderheiten einer Gemeinde, geschichtliche Hintergründe und die schönsten Sehenswürdigkeiten.

Cache-Größen

Cache ist nicht gleich Cache. Es gibt große und kleine Caches, riesige und winzige. Um welche Sorte es sich bei dem von dir ausgesuchten Cache handelt, erkennst du bereits an den Listings.

Nano

Ein Nano ist winzig klein. Manchmal hat er zum Beispiel gerade mal den Durchmesser einer 10-Cent-Münze. Deshalb ist bei diesem Cache meist auch nur Platz für ein winziges Logbuch, natürlich ohne beiliegenden Stift. Viele Nanos sind magnetisch, damit sie gut an etwas befestigt werden können und nicht verloren gehen. Ein Nano fordert häufig die Erfahrung, Kreativität und Spürnase eines Geocachers heraus, ist aber nicht immer so schwer zu finden, wie man es sich vorstellt.

Micro

Micros haben eine Größe von maximal 100 ml Stauraum. Ein normales Trinkglas hat dreimal so viel Inhalt wie ein Micro. Oft handelt es sich bei Micros um Filmdosen oder sogenannte Petlinge. Petlinge sind Plastikröhrchen, die mit einem Schraubverschluss verschlossen werden. Auch in einem Micro befinden sich häufig nur das Logbuch und maximal ein kurzer Bleistift.

Small

Bei diesem Cache hat man schon etwas mehr Platz. Die Dose oder Box sollte dennoch weniger als 1 Liter Stauraum haben, also kleiner als eine Literpackung Milch sein. Meist sind es Plastikdosen, die ein Logbuch, Stift und ein paar Tauschgegenstände beinhalten. Hier findet sich auch schon mal das eine oder andere Trackable oder Geocoin.

Regular

Dieser fest verschließbare Kunststoffbehälter darf zwischen 1 und 20 Liter Stauraum haben, etwa ein Schuhkarton. Oft sind es etwas größere Plastikdosen oder
auch Metallschachteln, die mit einem Gummiring abgedichtet sind. Natürlich
haben Tauschgegenstände hier genauso Platz wie Coins und Trackables.

Large

Jetzt werden die Caches richtig groß. In diese Behälter passen mindestens 20 Liter.
Sie sind so groß wie Koffer oder Farbeimer und bieten richtig viel Platz. Meist gibt
es einen bestimmten Grund für die Größe des Caches. Spezielle Tauschthemen
und damit verbundene Gegenstände oder weiterführende Informationen könnten
so viel Platz beanspruchen.

Other / Unknown

Manchmal steht in der Beschreibung keine richtige Größe drin. Meist erwartet dich
dann eine kleine Überraschung. Das Logbuch kann zum Beispiel in einem Rollo
versteckt sein, das du herunterziehen musst. Oder es handelt sich um einen Earth-
Cache, bei dem du dich häufig durch ein Foto einloggst, das du an den Besitzer
mailst. Lass dich einfach ein bisschen überraschen und lies vorher genau die
Logeinträge der anderen Geocacher durch.

D/T-Bewertung

Nun weißt du schon jede Menge über die Besonderheiten von Geocaches. Du kennst die unterschiedlichen Arten und die verschiedenen Größen von Caches. Ebenso wichtig für das Suchen und Finden sind aber auch das Gelände, in dem der Cache versteckt wurde, und der Schwierigkeitsgrad. Damit du optimal vorbereitet bist, gibt es bei jeder Cache-Beschreibung noch eine sogenannte D/T-Bewertung.

Schwierigkeit: die D-Bewertung

Den Schwierigkeitsgrad eines Caches findest du heraus, wenn du die D-Wertung anschaust.

* = **leicht**, der Cache kann in wenigen Minuten gefunden werden. Optimal für Anfänger.

** = **durchschnittlich**, dieser Cache hat einen leichten bis mittleren Schwierigkeitsgrad. Geocacher mit ein bisschen Übung sollten ihn aber in 30 Minuten finden können.

*** = **mittel bis schwer**, dieser Cache ist schon eine Herausforderung. Auch erfahrene Cacher suchen hier schon mal ein paar Stunden.

**** = **schwierig**, um diesen Cache zu finden, braucht man Zeit, Geschicklichkeit und manchmal auch viel Vorbereitung. Es kann sein, dass Geocacher mehrere Versuche benötigen.

***** = **extrem**, dieser Cache ist etwas für Könner, er fordert Köpfchen und körperliche Fitness. Ohne besondere Ausrüstung und gute Kenntnisse ist er oft nicht zu finden.

Schon gewusst?

Bei dem Begriff D/T-Bewertung sind die beiden Buchstaben Abkürzungen für die englischen Wörter:

D = „**difficulty**", auf Deutsch: Schwierigkeit

T = „**terrain**", auf Deutsch: Gelände

Die Grade werden oft in Sternchen, Balken oder ähnlichem dargestellt.

Bedenke: Die Bewertungen beziehen sich immer auf normale und trockene Bedingungen. Wenn es also geregnet oder geschneit hat, wird der Cache noch etwas schwieriger als in der Bewertung.

Gelände: die T-Bewertung

Auch das Gelände, in dem ein Cache versteckt wird, hat bestimmte Wertungen. Es ist schließlich ein großer Unterschied, ob du kilometerlange Waldstücke durchqueren musst oder ob der Cache in der Innenstadt versteckt liegt, wo du von vielen Muggles überrascht werden kannst.

* = **leicht und behindertengerecht**, also auch mit dem Rollstuhl oder Kinderwagen zu erreichen. Das Gelände ist meist eben, die Strecke unter 1 km lang.

** = **leicht**, für Kinder noch gut geeignet. Der Weg ist oft markiert, flach und ohne Hindernisse, die Strecke ist unter 3,2 km lang.

*** = **für kleinere Kinder nicht mehr durchgehend geeignet**, da die Strecke auch querfeldein führt. Ein Cache mit dieser Bewertung erfüllt meist eine der folgenden Eigenschaften:

✗ der Weg ist länger als 3,2 km

✗ er führt durch etwas Unterholz oder über Hindernisse

✗ es gibt schon etwas größere Höhenunterschiede, man muss also auf der Strecke ein Stück weit bergauf oder bergab

Manche Caches werden auch mit Stufe zwei oder drei bewertet, obwohl keine großen Hindernisse durch die Beschaffenheit der Wege vorliegen. Oft hängt diese Bewertung damit zusammen, dass viele Muggle dich beobachten und stören könnten. An Plätzen, an denen es nur so von ihnen wimmelt, ist es manchmal gar nicht so einfach, einen Cache zu heben, ohne dabei entdeckt zu werden.

**** = für Abenteuer-Fans, jetzt wird die Suche etwas wilder. Ein Cache mit dieser Bewertung erfüllt meist eine der folgenden Eigenschaften:

✗ der Weg führt durch sehr dichtes Unterholz

✗ das Gelände ist sehr steil und „Handeinsatz" ist nötig, also Klettern, Abseilen oder zumindest irgendwo ganz gut festhalten

✗ der Weg ist länger als 16 km

***** = extrem schwierig, ohne Spezialausrüstung hast du oft keine Chance. Vielleicht musst du klettern oder tauchen, Boot fahren oder sonstige Ausrüstung einsetzen.

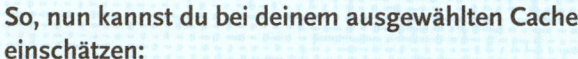

Beachte: Die Sterne bei einem Cache sagen dir aber nicht, welcher Cache besser ist. Anders als bei sonstigen Bewertungssystemen haben die Sterne nichts mit der Qualität eines Caches zu tun. Wenn du wissen willst, ob der Cache besonders gut ist, schau nach den Favoritenpunkten und lies die Logeinträge durch!

So, nun kannst du bei deinem ausgewählten Cache einschätzen:

✗ wie viel Zeit du ungefähr benötigen wirst

✗ wie lang der Weg sein wird

✗ wie der Weg beschaffen ist

✗ ob du eine besondere Ausrüstung benötigst.

Dies alles berücksichtigst du, bevor du zu deiner Geocaching-Expedition startest.

Die Suche geht los

Bald kann sie losgehen, die große Geocaching-Expedition. Doch noch immer gibt es ein paar Dinge, die für die Planung deiner Schatzsuche wichtig sind. Denn nicht nur die vollständige und richtige Ausrüstung ist ausschlaggebend, auch das Wetter muss passen. Darum sollest du vorher den Wetterbericht hören oder im Internet schauen, wie das Wetter werden soll. Dann weißt du, was du zusätzlich noch in deinen Rucksack packen musst. Und vor deiner Expedition lohnt sich noch ein Blick zum Himmel.

Der Himmel ist ein guter Wetterbote

Eine Bauernregel besagt, dass Abendrot ein Bote für schönes Wetter ist. Morgenrot deutet hingegen auf schlechtes Wetter hin.

Hinweise für gutes Wetter:

✗ eine rot aufgehende Sonne

✗ Kondensstreifen der Flugzeuge, die schmal sind und sich schnell auflösen

✗ ein wolkenloser Nachthimmel, an dem die Sterne funkeln

✗ helle, weiße, lockere Schäfchenwolken

✗ Morgentau auf Autoscheiben

Vorboten für schlechtes Wetter:

✗ am Horizont ist bereits am frühen Morgen ein Regenbogen zu sehen

✗ der Himmel ist bei Sonnenaufgang rosa, grau oder gar gelb verfärbt

✗ Kondensstreifen der Flugzeuge werden breiter

✗ Wolken ziehen auf und verdunkeln sich

Auch die Tiere geben deutliche Zeichen

Schwalben beispielsweise fliegen bei schönem Wetter hoch am Himmel, Mücken nerven bei aufkommendem schlechten Wetter besonders arg. Frösche steigen aus dem Wasser, wenn die Luft feucht ist und Regen aufzieht. Grillen musizieren zu später Stunde besonders schön, wenn sie Sonnenschein erwarten. Schau genau hin? Erkennst du die Wetterboten?

Dein GPS einrichten

Du bist angemeldet, hast dir einen Cache rausgesucht, kennst dich mit den Bewertungen aus und weißt, was ein Micro ist. Jetzt wird es Zeit für deine Geocaching-Expedition!

Dein GPS

Bevor du mit deinem GPS auf große Geocaching-Tour gehst, lerne es ein wenig besser kennen. Du schaltest es im Garten oder vor deinem Zuhause einfach mal ein und prüfst den Empfang. Es wird dir anzeigen, wie viele Satelliten es empfängt. Außerdem richtet es sich anhand der Himmelsrichtungen aus. Laufe ein wenig herum und du wirst sehen, wie sich die Werte verändern.

Anschließend übst du das Eingeben von Koordinaten und das Aufrufen der gespeicherten Wegpunkte. Nimm dir Zeit und lese in Ruhe im Handbuch nach. Lieber jetzt gemütlich im Garten üben als später aufgeregt im Wald. Wenn du dich gut mit deinem GPS auskennst, überträgst du alle Koordinaten deines ausgewählten Caches in das Gerät.

So lädst du die Koordinaten auf dein GPS

Je nach GPS gibt es verschiedene Möglichkeiten die Koordinaten aufzuspielen.

Mit der Hand eingeben: Bei vielen Einsteigergeräten kannst du die Koordinaten einfach per Hand eintippen. Manchmal dauert das ein bisschen, geht aber in der Regel problemlos.

Per Datenkabel laden: Mit einem Schnittstellenkabel lassen sich die Cache-Listings auf die meisten GPS-Geräte laden. Dazu verbindest du dein GPS mit dem Computer und nutzt die Funktion „an GPS senden". Da du dazu oftmals extra kostenfreie Software aus dem Internet herunterladen und auf dem Computer installieren musst, sollten deine Eltern beim ersten Mal dabei sein.
Wenn erst einmal alles eingerichtet ist, geht es ganz einfach und unkompliziert.

Welche Koordinaten musst du eingeben?

Bei vielen Cache-Beschreibungen sind auch sogenannte Waypoints (WP, auf Deutsch: Wegpunkte) angegeben. Diese Wegpunkte geben meist die Koordinaten für Parkmöglichkeiten oder Startpunkte bei Multi-Caches an. Es lohnt sich, neben den Zielkoordinaten auch die Koordinaten von dem Ort einzugeben, ab dem du loslaufen kannst. Denn dieser Ort ist ja auch gleichzeitig der Platz, an den du nach deinem Fund zurückkehren willst.

Dein Gerät hat normalerweise so viel Speicherplatz, dass du bedenkenlos alle Angaben eingeben kannst. So hast du im Notfall alles dabei.

FINNs TIPP!

Wenn du dein GPS mit auf Reisen nimmst, solltest du es immer wieder neu initialisieren. Dabei sucht sich dein Gerät die Verbindung zu den gerade erreichbaren Satelliten. Dadurch weiß das GPS wieder, wo du gerade bist. Im Handbuch oder in deinen Einstellungen erfährst du, wie das Initialisieren geht. Diese Neuorientierung dauert ungefähr 15–30 Minuten.

Achte darauf, dass dein GPS stets trocken und sauber ist. Dem Gerät macht die Berührung mit feuchtem Wald- und Wiesenboden in der Regel nichts aus. Auf Dauer könnte es dennoch schaden. Verpacke das GPS daher nach deinem Ausflug wieder sorgfältig.

Mit Karte & Kompass unterwegs

Ist das Blätterdach besonders dicht oder der Himmel mit dicken Wolken verhangen, dann passiert es manchmal, dass dein GPS keinen Satellitenempfang mehr hat. Plötzlich geht es nicht mehr weiter. Zumindest nicht mit deinem GPS. Deshalb lohnt es sich, auch mit einem Kompass umgehen zu können. Denn mit dieser ursprünglichen Form der Navigation kannst du zumindest eine gewisse Strecke überbrücken, bis dein GPS wieder die Satelliten empfängt.

So ist der Kompass aufgebaut

Ein Magnetkompass, den du optimal zum Geocaching nutzen kannst, besitzt eine magnetische Kompassnadel. Diese befindet sich in einem mit Flüssigkeit gefüllten Gehäuse. Zusätzlich dazu ist der Kompass noch mit einer Skala und/oder einer Kompassrose verziert. Das Zeichen der Kompassrose (auch Windrose genannt) ist dir bestimmt bekannt: Oben findest du stets Norden, unten Süden, links den Westen und rechts den Osten.

Nord- und Missweisungsmarke
Kompassdose
Kompassnadel
Skalenring
Lineal
Nordpfeil
Nord-Süd-Linie
Lupe
Kurspfeil
Planzeiger

Der Uhr-Kompass

Du hast keinen Kompass? Dein GPS-Gerät will gerade nicht? Dann funktioniere ganz einfach deine Uhr zu einem Kompass um. So geht's:

1. Halte deine Uhr so, dass der kleine Zeiger Richtung Sonne zeigt.
2. Stelle dir nun eine Linie zur Sonne und eine Linie zu 12.00 Uhr vor.
3. Durch die beiden Linien entsteht ein sogenannter Winkel. Es sieht ein bisschen aus wie ein Pizzastück.
4. Teile dieses Pizzastück genau in der Mitte mit einer weiteren gedachten Linie. Diese Linie weist nach Süden, das andere Ende zeigt nach Norden.

Probiere es einfach mal aus und lege einen Magnetkompass zum Vergleich daneben.

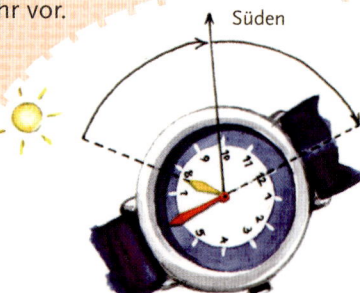

Süden

vor 12 Uhr

Landkarten lesen

Viele GPS-Geräte verfügen über eingebaute Landkarten, manche jedoch nicht. In einigen Gebieten kann eine topografische Landkarte sehr nützlich sein, extra eine zu kaufen ist meist jedoch nicht notwendig.

Wenn du zu Hause ein paar Karten aus der Umgebung hast, dann solltest du dir diese mal genauer anschauen. Beim Geocaching ist eine Straßenkarte meist nur dann nützlich, wenn du mitten in der Stadt nach einem spannenden Cache suchst. In der freien Natur ist eine topografische Karte besser geeignet. Auf einer topografischen Karte sind nämlich nicht nur die Wege zu sehen, sondern auch Höhenunterschiede, Wälder und Flüsse erkennbar.

Um die Landkarte richtig lesen zu können, solltest du zu Hause schon ein bisschen üben. Schau dir auch die Legende an, in der die auf der Landkarte verwendeten Zeichen wie Nebenstraße mit Tunnel, Kirche oder Turm erklärt werden. So weißt du sofort, was gemeint ist und kannst dich später besser orientieren.

Schon gewusst?

Auch die Sonne zeigt dir die Himmelsrichtungen an:

Im **Osten** geht die Sonne auf,
im **Süden** hält sie Mittagslauf,
im **Westen** will sie untergehen,
im **Norden** ist sie nie zu sehen.

Richtig ausrichten

Willst du dich im Gelände mit Karte und Kompass orientieren, so legst du den Kompass still auf den Boden. Er zeigt dir nun an, in welcher Richtung Norden liegt. Lege deine Karte nun daneben – und zwar so, dass das obere Ende der Karte ebenfalls nach Norden zeigt. Alle Landkarten sind nämlich so aufgebaut, dass der Norden oben zu finden ist. Nun kannst du dir die Wege anschauen und entscheiden, wo du lang gehen willst.

FINNs TIPP!

Suche dir einen Punkt im Gelände, der sehr auffällig ist, wie einen Kirchturm, einen Fluss oder einen Berg. Suche ihn auf der Karte. So kannst du dich zusätzlich orientieren.

Standort

Auf die Plätze – fertig – los!

Egal ob mit dem Fahrrad, Auto oder zu Fuß – am Start wird jeder Cacher ein wenig nervös. Das Adrenalin steigt. Das ist auch gut so, denn dadurch bist du konzentrierter und besonders aufmerksam.

Wichtig!

Hast du auch alles dabei, was du benötigst? Prüfe lieber noch einmal deine Ausrüstung, bevor du losläufst. Es wäre doch echt ärgerlich, wenn du umkehren müsstest, weil du etwas zu Hause vergessen hast.

Rufe nun die Koordinaten deines Ziels oder der ersten Cache-Station in deinem GPS auf und drücke auf „go". Folge nun dem Pfeil.

FINNs TIPP!

Wenn du den Parkplatz oder Startort noch nicht in dein GPS gespeichert hast, dann tue das, bevor du los gehst. So kannst du, nachdem du den Cache gefunden hast, einfach die Koordinaten das Ausgangsortes wieder aufrufen und findest leichter zurück. Besonders wenn du weite und unbekannte Strecken gehen musst, hilft dieser Trick, um schnell wieder an den Ausgangspunkt zurückkehren zu können.

Einen Nacht-Cache machen

Sich auf die Suche nach einem Cache zu machen, ist schon sehr spannend. Sich aber im Dunkeln auf eine Cache-Tour zu begeben, ist ein ganz besonderes Abenteuer.

Nacht-Caches findest du oft in Waldgebieten. Denn dort ist es dunkel genug, um mit deiner Taschenlampe nach den Reflektoren zu suchen. Und diese kann man besonders gut an den Bäumen anbringen. Meist gibt es verschiedenfarbige Strahler, die je nach Beschreibung einen bestimmten Sinn haben. Manchen musst du folgen, manche zeigen an, dass ganz in der Nähe ein Hinweis versteckt ist.

Ein Nacht-Cache zeigt dir die Welt in einem ganz anderen Licht und du wirst erstaunt sein, dass es spät abends oft gar nicht so dunkel ist, wie man vermutet. Der Mond strahlt häufig wie eine Straßenlaterne und ermöglicht dir auch ohne Taschenlampe gut zu sehen. Probiere es doch einfach mal aus. Häufig sehen die Augen ohne einen einzelnen Taschenlampenstrahl viel besser. Sie benötigen nur ein paar Minuten, um sich an die Dunkelheit zu gewöhnen.

Tiere im Dunkeln

Beim Geocachen muss man besonders auf den Lebensraum der Tiere achten. Am späten Abend oder gar in der Nacht ist diese Regel besonders wichtig. Die Tiere ziehen sich zurück und schlafen. Wer laut polternd durch den Wald marschiert, weckt sie auf und stört ihren natürlichen Rhythmus. Gehe daher nur auf den vorgegebenen Wegen, verhalte dich leise und stochere nicht unnötig in Büschen und Höhlen herum, in denen der Cache noch gar nicht sein kann.

Keine Angst

Dein Herz schlägt bis zum Hals und vielleicht bekommst du manchmal auch eine Gänsehaut, wenn du plötzlich Geräusche hörst, die du nicht einordnen kannst. Du musst aber beim Nacht-Cachen keine Angst haben. Das Knacken eines Stockes, auf den du trittst, hört sich nur so unheimlich an, weil dein Gehör das Geräusch besonders gut wahrnimmt. Wer weniger sehen kann, hört besser. Klingt komisch, ist aber so.

FINNs TIPP!

Nutze die Gelegenheit und versuche die nachtaktiven Tiere zu entdecken. Hörst du eine Eule? Kreist über dir vielleicht sogar eine Fledermaus? Keine Angst, die Tiere tun dir nichts. Tue du ihnen auch nichts.

Wenn du dich erschrickst, überlege kurz, was es gewesen ist und stelle es dir im hellen Sonnenschein vor. Und, ist es immer noch so schlimm? Bestimmt nicht. Trau dich ruhig, es passiert dir nichts. Dennoch ist es ratsam, eine Nacht-Expedition in einer Gruppe und mit mindestens einem Erwachsenen zu machen. Deine Eltern solltest du ebenfalls ausführlich über deine Pläne informieren. Ein Handy im Gepäck nimmt dir die restlichen Ängste. Und mal ehrlich, so ein bisschen gruseln ist doch auch gut!

Mit Hindernissen klar kommen

Jede Geocaching-Tour ist immer wieder neu, immer anders und immer spannend. Die eine oder andere Strecke hält nämlich so manche Überraschung bereit. Dann heißt es, Mut zusammen nehmen und auch mal verschiedene Hindernisse überwinden.

Gräben, Gleise & Co.

Geocaching ist ein abenteuerliches Spiel. Und genau das sollte es auch bleiben. Riskiere daher nicht deine Gesundheit oder gar dein Leben, in dem du über Bahngleise läufst, tiefe Gräben überspringst oder durch Flüsse watest. Es lohnt sich IMMER, einen Umweg zu gehen! Lieber ein paar Meter mehr zurücklegen und dafür gesund und munter bleiben. Mutproben sind beim Geocaching nicht nötig und auch nicht cool!

Das Wetter

Das Wetter kann ein ganz schön großes Hindernis werden, wenn du nicht darauf vorbereitet bist. Eine dicke Wolkendecke verhindert zum Beispiel an manchen Stellen den guten Empfang der Satellitensignale. Dein GPS ist dann möglicherweise nicht mehr ganz so genau. Dann musst du den Umkreis erweitern, in dem du suchst und noch ein paar zusätzliche Schritte gehen. Kompass und Karte helfen dir ebenfalls bei der weiteren Suche, wenn dich die Wolken ärgern.

Regen: Mit der richtigen Bekleidung ist Regen kein Problem. Achte darauf, dass deine Schuhe sowie deine Jacke wasserdicht und die Dinge im Rucksack gut verpackt sind. Du bist zwar nicht aus Zucker, aber nasse Kleidung lässt dich sehr schnell frieren. Wenn der Regen zu stark wird, stelle dich unter und warte den ersten großen Schauer geduldig ab. Wie du dich bei Gewitter am sichersten verhältst, erfährst du auf Seite 78.

Hitze: Bei Sonnenschein macht Geocaching Freude. Schütze deine Haut dann aber gut mit einer Sonnenschutzcreme. Ein Cap oder ein schöner Hut schützt dich ebenfalls. Bei starker Hitze suchst du dir am besten Wege, die im Schatten liegen. Nimm ausreichend Trinkwasser mit und trinke regelmäßig davon! Gönne dir und deinem Körper bei großer Hitze ruhig öfters eine kleine Pause. Vielleicht gibt es einen See oder Bach in der Nähe, an dem du dich ein wenig erfrischen kannst.

So lange kannst du in der Sonne bleiben

Es gibt eine Formel, mit der du den Lichtschutz deiner Haut berechnen kannst. **Das geht so:** Lichtschutzfaktor deiner Sonnenschutzcreme x Eigenschutz deiner Haut = geschützte Zeit in der Sonne.

Der Eigenschutz von heller, ungebräunter Haut liegt bei ungefähr 10 Minuten. Bei leicht gebräunter bis stark gebräunter Haut erhöht sich der Eigenschutz auf 20–30 Minuten. Cremst du deine Haut mit einer Sonnenschutzcreme mit Lichtschutzfaktor 20 ein (20x10=200), bist du also ungefähr 200 Minuten (= 3 Stunden 20 Minuten) in der Sonne geschützt. Bitte bedenke, dass der Eigenschutz bei Kindern bis zum 13. Lebensjahr meist noch nicht 100% mit dem eines Erwachsenen vergleichbar ist. Daher creme dich stets sorgfältig ein und wähle lieber eine Sonnencreme mit höherem Lichtschutzfaktor.

Hilfe, ich kann den Cache nicht finden!

Auch das „Nichtfinden des Schatzes" kann ein großes Hindernis sein. Am wichtigsten ist, dass du jetzt nicht aufgibst. Viele Cacher müssen lange suchen, brauchen manchmal mehrere Versuche und kommen nicht sofort ans Ziel. Es ist also nicht schlimm, wenn es nicht gleich klappt.

Überprüfe zuerst noch einmal deine Koordinaten. Vergleiche dazu die Angaben auf deiner ausgedruckten Cache-Beschreibung und die Eingaben in deinem GPS. Vielleicht hat sich ein Zahlendreher (zum Beispiel 39 statt 93) eingeschlichen. Schaue dabei gleich nach, wie genau das Satellitensignal gerade ist. Wenn der Empfang gerade nicht gut ist, erweitere den Umkreis, in dem du suchst.

Manchmal hilft es auch, aus verschiedenen Richtungen auf das Ziel zuzugehen. Dadurch siehst du die Dinge aus einem anderen Blickwinkel und entdeckst manches viel schneller. Schaue genau hin und überlege, wo du den Cache verstecken würdest. Gibt es etwas, was hier anders aussieht? Ein Haufen Steine, der nicht in den Wald gehört? Stöckchen vor einem dicken Wurzelende oder ein Drahtseil, das aus einem Rohr rausblitzt?

So verhältst du dich in der Stadt

Viele Caches findest du auch in der Stadt. Schließlich möchten auch die Menschen in den Städten auf Schatzsuche gehen, ohne gleich kilometerweit aufs Land fahren zu müssen. Außerdem gibt es in unseren Städten unglaublich viel zu entdecken.

Auch in der Stadt gibt es ein paar Regeln, an die du dich halten solltest:

✗ Gehe behutsam mit fremdem Eigentum um. Egal ob es eine Hauswand ist oder ein Straßenschild, nichts darf durch die Schatzsuche zerstört werden.

✗ Achte auf ruhiges Verhalten, besonders wenn in der Nähe ein Krankenhaus, Friedhof, Altenheim oder ähnliches ist.

✗ Lass dich nicht von Muggle erwischen. Geocaching funktioniert nur, wenn keine anderen Personen deinen Schatz finden und versehentlich oder mutwillig zerstören können. Daher ist es wichtig, dass du dich unauffällig verhältst und den Cache nur im Verborgenen hebst.

✗ Leuchte nachts nicht wild mit der Taschenlampe durch die Gegend.

Achte in Städten besonders gut auf den Straßenverkehr. Wer nur auf sein GPS schaut, stolpert schnell vor ein Auto. Es ist daher unglaublich wichtig, dass du dich hauptsächlich auf den Verkehr konzentrierst und nicht blindlings deinem GPS-Pfeil folgst.

Wichtig!

Vermeide zu auffälliges und geheimnisvolles Verhalten. Es kam schon vor, dass Geocacher der Polizei erklären mussten, was sie da gerade tun.

So verhältst du dich in der Natur

Das Schöne am Geocaching ist, dass du viel in der Natur unterwegs bist. Wald, Wiesen und Felder sind häufig Schauplatz. Dadurch dringst du aber auch in den Lebensraum der Bewohner dieser Orte ein. Deshalb ist es besonders wichtig, dass du dich in der Natur richtig verhältst. Dafür schenkt dir die Natur viele wundervolle Orte, eine unglaubliche Vielfalt an Tieren und Pflanzen, geheimnisvolle Wälder, bunte Wiesen, frische Bäche und weite Seen. Es lohnt sich genau hinzuschauen. Es gibt so unglaublich viel zu entdecken – nicht nur deinen Cache.

Das solltest du beachten:

✗ Bleibe stets auf befestigten Wegen: Auch wenn der Pfeil auf dem GPS etwas schräg ins Gebüsch zeigt, so lohnt es sich bei weiten Entfernungen immer, den bereits bestehenden Weg zu nutzen. Das geht schneller und schützt die Natur.

✗ Keine Pflanzen absichtlich umknicken, Äste abbrechen und Blätter abreißen: Unter den Geocachern gilt die Regel, dass ein Cache so versteckt werden muss, dass die Natur keinen Schaden nimmt. Für Schatzsucher bedeutet dies also, dass kein Moos abgezupft, keine Rinde entfernt oder sonstige Lebensräume beschädigt werden müssen.

✗ Leise verhalten: Klar darfst du reden und lachen. Aber lautes Schreien, Pfeifen und Toben scheucht die Tiere auf und stört sie in ihrem Lebensraum.

✗ Hinterlasse keinen Müll in der Natur. Alles, was du mit-bringst, musst du auch wieder mitnehmen, egal ob Bonbonpapier oder Taschentuch.

Noch besser ist es, wenn du den Müll, den du am Wegrand siehst, einsammelst und anschlie-ßend in einem Mülleimer entsorgst. Stell dir vor wie sauber unsere Umwelt wäre, wenn keiner mehr dort Müll hinterlassen würde!

Auf Spurensuche

Ein Geocacher sollte nicht nur eine versteckte Plastikdose im Wald finden können. Wenn du auf Spurensuche gehst, kannst du viele weitere wundervolle Schätze der Natur entdecken.

Vielleicht kennst du das Spurenlesen aus Indianerfilmen oder spannenden Büchern über die Lebensweise der Naturvölker. Die Menschen konnten anhand der Fußspuren, abgeknickter Äste und den Hinterlassenschaften der Tiere genau ablesen, welches Tier zu welcher Zeit den Weg gekreuzt hat. Das war wichtig für die Jagd und damit für das Überleben. Das ist heute bei uns nicht mehr nötig. Die Tierspurensuche soll dir einfach Freude machen und dich den Bewohnern des Waldes ein bisschen näher bringen.

Rätsel

Wollen wir doch mal sehen, was du schon weißt.
Kannst du die Fußspuren den jeweiligen Tieren zuordnen?

Die Lösung findest du auf Seite 92.

Noch mehr Spuren

Nicht nur anhand der Pfoten- und Hufabdrücke lassen sich die Tiere erkennen. Auch die Fraßspuren zeigen dir, wem es an dieser Stelle wohl besonders gut geschmeckt hat.

Abgenagte Zapfen einer Fichte hast du bestimmt schon mal auf dem Waldboden entdeckt. Doch nicht immer waren hier Mäuse am Werk. Auch Eichhörnchen lassen sich die leckeren Samen unter den harten Schuppen schmecken. Die abgeknabberten Zapfen der Eichhörnchen erkennst du an den abstehenden Fasern. Sie sehen ein bisschen wild und zerpflückt aus. Mäuse sind da ordentlicher und fressen die Schuppen ganz dicht am Mittelteil ab.

Nicht nur die Früchte der Bäume, sondern auch deren Rinde sind für eine kleine Knabberei zwischendurch sehr beliebt. Schau beim nächsten Gang durch den Wald ganz genau hin: Findest du die Fraßspuren der Borkenkäfer?

Entdeckst du im Wald oder Feld Bereiche, die wild umgegraben sind, hast du wahrscheinlich die Fraßspuren von Wildschweinen entdeckt. Sie richten oft großen Schaden an, weil sie mit ihren starken Hauern den Boden umwühlen und nach allem graben, was sie ergattern können: Wildschweine sind Allesfresser.

Ich hinterlasse auch Spuren

Maus

Specht

Eichhörnchen

Tiere entdecken

Nicht nur auf dem Boden lassen sich spannende Spuren und Fährten finden. Auch in den Baumwipfeln findest du wundervolle Gesellen, die einen Blick in die Höhe wert sind.

Hör mal, wer da klopft

Ihn hörst du wahrscheinlich noch, bevor du ihn sehen kannst: den **Specht**. Er scheint uns Geocacher und Waldbesucher mit Morse- und Klopfzeichen willkommen zu heißen. Durch hörbare Schnabelhiebe erklopft er sich Nahrung. Lauter geht es zu, wenn er eine Baumhöhle zimmert, Gegner fernhält und Weibchen anlockt. Buntspechte sind bei ihrer Nahrungssuche wahre Künstler. Sie können Insekten unter Baumrinde hervorholen, indem sie ihre Zunge bis zu 10 cm weit unter die Rinde schieben. Fichtenzapfen stehen im Winter auf dem Speiseplan: Ein Buntspecht holt an einem Tag die Samen aus bis zu 70 Zapfen. Ganz schön hungrig, der Kleine!

Und wer warnt die anderen Waldbewohner?

Ein besonders schöner Waldbewohner ist der **Eichelhäher**. Dieser Singvogel gehört zu den Rabenvögeln, ist aber viel hübscher. Seine blau-schwarz gestreiften Federn sind sein Markenzeichen. Ihn erkennst du an seinen lauten „Räätsch-räätsch"-Rufen, mit denen er jeden Waldbesucher begrüßt.

Fledermäuse

In der Abenddämmerung und beim Nacht-Cachen sind hin und wieder **Fledermäuse** dein Wegbegleiter. Wie große Schmetterlinge flattern sie durch die Luft und fangen kleine Insekten. Sind Fledermäuse gefährlich? Quatsch! Schauermärchen von Dracula & Co. kannst du beruhigt vergessen oder im Bett als spannende Geschichte lesen. In der Natur sind Fledermäuse faszinierende Säugetiere. Ihre Orientierung mit Hilfe ihres fantastischen Radarsystems ist auch bei absoluter Dunkelheit phänomenal. Fledermäuse gehören außerdem zu den gefährdeten Tierarten, die unseren besonderen Schutz brauchen. Daher werden manche Caches zu besonderen Zeiten deaktiviert, um die Aufzuchtsphase nicht zu stören oder einen ungestörten Winterschlaf zu ermöglichen. Halte dich immer an entsprechende Hinweise!

Wächter der Caches

Es gibt ein Tier, das die Caches der Wälder besonders gut bewacht. Es haust in Erdhöhlen und besonders gerne in den Wurzelverstecken großer Bäume. Es taucht also immer gern dort auf, wo du gerade suchst. Angst musst du aber keine haben. Es ist ungefährlich, friedlich und schaut dich meist überrascht aus seinen Glubschaugen an. Weißt du schon, wer der Wächter der Caches ist? Na klar: die **Erdkröte**! Weil ihre Haut giftig ist, solltest du sie aber nicht anfassen.

Sieht aus wie eine Schlange, ist aber keine ...

Wer zum ersten Mal einer **Blindschleiche** begegnet, denkt oft, er hätte es mit einer Schlange zu tun. Die Blindschleiche schlängelt sich zwar durch Laubwälder, Hecken und entlang der Wegränder, ist aber eine Echsenart ohne Füße. Sie hat einen langen Körper, züngelt und ist vor allem tagaktiv. Giftig ist sie aber nicht. Du kannst eine Blindschleiche also ganz gespannt und ohne Gefahr beobachten, wenn sie dir auf deiner Geocaching-Expedition begegnet.

Bekannt und doch besonders

Dieses Tier ist für viele nichts Besonderes. Dabei lohnt es sich, mal genauer hinzusehen, denn **Ameisen** sind wahre Wundertiere! Oder hättest du gedacht, dass in den Staaten mancher Arten über 100.000 Ameisen leben? Oder dass sie sich nicht verlaufen, weil sie die Wege am Geruch erkennen. Jeder Staat verströmt einen eigenen Duft. Ihre Nester aus Tannennadeln und kleinen Ästen sind bis zu 1 m hoch und auch bis 1 m tief in die Erde gebaut.

Gemeinsam sind wir stark!

Pflanzen entdecken

Bäume sind nicht nur wunderbar anzuschauen, sondern laden auch zum Balancieren und Klettern ein. Schau dich doch einmal um: Erkennst du ein paar Bäume?

Rotbuche

Eiche

Feldahorn

Vogelbeere

Laubbäume erkennen

Um die Arten und Namen der Laubbäume herauszufinden, schaust du dir am besten ihre Blätter und Früchte an.

Wer sie nicht gleich erkennt, kann ein Laubblatt und eine Frucht mitnehmen oder mit dem Handy ein Foto davon machen. Am Abend kannst du dann mit einem Lexikon, einem Sachbuch oder mit Hilfe des Internets den jeweiligen Baum bestimmen.

Fichte

Kiefer

Tanne

Nadelbäume erkennen

Nadelbäume erkennst du am besten an der Form ihrer Nadeln und an den unterschiedlichen Zapfen.

Schon gewusst?

Wenn du dir die Zapfen genauer anschaust, erfährt du etwas über die Luftfeuchtigkeit. Geöffnete, leicht abstehende Zapfenschuppen sind ein Zeichen für sehr trockene Luft. Glatte, geschlossene, eng anliegende Zapfenschuppen weisen auf hohe Luftfeuchtigkeit hin.

So findest du heraus, wie hoch ein Baum ist ...

Suche dir einen Stock, der genauso lang wie dein Arm ist. Stelle dich nun in einiger Entfernung zum Baum hin. Strecke deinen Arm gerade vor dir aus und halte den Stock senkrecht. Schau über die Stockspitze auf den Baum. Bewege dich nun vor und zurück, bis der Baumwipfel genau auf Höhe der Stockspitze ist. Markiere deinen Standort auf dem Boden. Die Entfernung von deinem Standort zum Baum entspricht nun der Höhe des Baumes. Wenn du 30 Schritte benötigst, um bis zu dem Baum zu gelangen, ist der Baum ca. 30 Schritte hoch.

Ein gefährlich giftiger Riese

Die Herkulesstaude ist zwar faszinierend, aber gefährlich. Denn die bis zu 4 m hohe Staude mit den weißen riesenpizza-großen Blütendolden und dachrinnendicken Stängeln besitzt einen Pflanzensaft, der beim geringsten Hautkontakt zu schweren Verbrennungen führen kann. Halte dich fern von dieser Pflanze und berühre sie auf keinen Fall!!

Der Fliegenpilz

Dass der knallrote Fliegenpilz mit seinen weißen Punkten giftig ist, weißt du bestimmt. Dennoch ist es ein tolles Erlebnis, diesen hübschen Giftzwerg in der Natur zu entdecken. Von Juli bis Oktober kannst du Ausschau nach ihm halten.

Brennnesseln

Wer durch Wiesen und Wälder stromert und fleißig nach dem nächsten Schatz sucht, streift hin und wieder mal ein paar Brennnesseln. Zwar schützen in der Regel bereits lange Hosenbeine vor den scharfen Brennhaaren, doch nicht immer ist die Haut bedeckt. Wenn es also doch mal brennt, helfen folgende kleinen Tricks:

✗ Nicht an das Brennen denken und nicht kratzen. Wer gespannt den Schatz weitersucht, spürt das Brennen viel weniger auf der Haut.

✗ Gib den Saft zerriebener Spitzwegerichblätter auf die Stelle.

✗ Ist ein Bach oder See in der Nähe, nutze das kalte, klare Wasser.

✗ Wer ein Medikament/Stift gegen Mückenstiche dabei hat, kann damit ebenfalls den Juckreiz lindern.

Der Schatz ist gefunden!

Endlich ist es soweit, du bist am Ziel angekommen! Dein GPS zeigt es an: „Zielkoordinaten erreicht!" Der Cache ist nun ganz in deiner Nähe, aber dein GPS-Gerät hilft dir ab jetzt nicht mehr weiter. Lediglich die angegebene Genauigkeit ist für dich ein Hinweis, in welchem Umkreis du nun nach dem Cache suchen musst. Meist sind es nur wenige Meter. Ab jetzt musst du dich auf deine Spürnase verlassen und deinen Schatzsucherinstinkt einsetzen. Schau dich ganz genau um. Bewege dich vorsichtig und erforsche aufmerksam deine Umgebung.

Stopp! Auch wenn es dir jetzt in den Fingern kribbelt und du unglaublich gerne jeden Stock und Stein umdrehen würdest – du musst vorher noch ein paar Dinge beachten.

Sichte alle Hinweise

Lies noch einmal genau die Cache-Beschreibung durch. Findet sich darin noch ein wichtiger Hinweis? Viele Owner verschlüsseln wertvolle Tipps. Wird der Cache zum Beispiel als „magnetisch" beschrieben, weißt du schon, dass du ihn eher in der Nähe einer Eisenstange an einem Schild als unter einer Wurzel finden wirst. Auch die Größe der Dose (zum Beispiel small oder regular) gibt dir einen wertvollen Hinweis auf das Versteck.

Hat der Besitzer keinen Tipp hinterlassen, so findet sich häufig in den letzten Logeinträgen unterhalb der Beschreibung ein Anhaltspunkt. Vermerke wie zum Beispiel „das war aber ganz schön wackelig" oder „brrr, so ein Bach ist super kalt im April", aber auch „bei meiner Größe war es gar nicht leicht dran zu kommen" sagen viel über das Versteck aus. Du musst vielleicht klettern oder balancieren, ins Wasser steigen oder ganz weit oben suchen, um den Schatz zu bergen. Nun ist der Detektiv in dir gefragt!

Du hast alle Hinweise?

Dann musst du jetzt nur noch auf eins aufpassen:

Achtung Muggle!

Schon gewusst?

Du weißt nicht, was ein Muggle ist? Aber bestimmt kennst du Harry Potter, den Zauberlehrling! Harry und seine Freunde besitzen magische Kräfte. Ganz normale Menschen hingegen, die keine Ahnung von Zauberei haben, werden in den Harry-Potter-Büchern und -Filmen Muggle genannt. Personen, die Geocaching nicht kennen, heißen auch Muggle. Sie entdecken manchmal einen Cache, ohne ihn gesucht zu haben, oder beobachten Geocacher zufällig beim Auffinden der Dose. Sie schauen dann nach und zerstören in ihrer Neugier manchmal das Versteck. Es kommt auch vor, dass Muggle, also Nicht-Geocacher, den Cache als Müll ansehen und ihn besten Gewissens in den Abfall werfen. Schau dich vor der Bergung deines Schatzes also stets gut um, ob dich nicht heimlich ein Muggle beobachtet! Wenn also Spaziergänger, Hundebesitzer oder sonstige Muggle in der Nähe sind, solltest du einfach einen Moment warten oder dich geschickt tarnen.

Tipps für eine gute Tarnung

✗ Als Kind kannst du einfach so tun, als würdest du über Stock und Stein hüpfen und ein lustiges Spiel spielen. Die Leute sind diesen Anblick gewohnt und wundern sich dabei selten. Klettern, Erforschen und Versteck spielen kennen sie oft aus der eigenen Kindheit und sind daher nicht überrascht, dass du mit deinen Freunden auch so viel Freude daran hast.

✗ Ahme einen Erwachsenen nach, indem du so tust, als würdest du mit deinem Handy telefonieren. Du hörst dem Anrufer scheinbar sehr aufmerksam zu, nickst ein paar Mal oder sagst sogar etwas. Dabei kannst du wunderbar langsam umhergehen, die Umgebung betrachten und hinter die eine oder andere Ecke schauen, ohne dass du allzu sehr auffällst. Wer genau hinguckt, entdeckt sogar manchen Geocacher, der sich zur Tarnung sein GPS ans Ohr hält!

✗ Viele Geocacher nehmen ihren Hund mit auf die Suche. Sie lassen den Hund einfach toben und werfen Bällchen genau in die Ecken, in denen sie selbst gern mal etwas genauer nachschauen würden. Sie tun so, als müssten sie einen Hundehaufen aufheben und schauen dabei ganz unauffällig unter eine Wurzel. Außerdem setzen sie sich manchmal gemütlich auf eine Bank oder spielen mit ihrem Hund, während sie darauf warten, dass die Muggle den Platz rund um das Versteck verlassen.

✗ Du kannst auch so tun, als hättest du am Vortag genau an diesem Ort etwas verloren, das du nun suchen musst. Oder du tust, als würdest du besonders schöne Blätter suchen. Es gibt so viele Möglichkeiten für eine Tarnung!

So können Verstecke aussehen

Oft sind die Verstecke für den Cache sehr gut getarnt. Wenn ein Cache ganz leicht zu finden wäre, würde die Suche ja keinen Spaß mehr machen. Daher geben sich Geocacher oft ganz besonders große Mühe, die Dose für die nachfolgenden Schatzsucher sehr gut zu verstecken. Dabei lassen sie sich häufig etwas ganz Tolles einfallen.

Aber nicht immer müssen Verstecke knifflig oder außergewöhnlich sein. Im Gegenteil. Manche bleiben nur deshalb lange Zeit unentdeckt, weil sie ganz einfach sind und man einfach zu kompliziert denkt.

Klassische Verstecke

Diese Versteckmöglichkeiten werden sehr häufig gewählt:

✗ unter einer große Baumwurzel am Fuße eines Baumes

✗ in einer Astgabel

✗ in einem Baumstumpf

✗ unter einer Treppe und an deren Geländer

✗ in einem Mauerriss und Schlitz

✗ magnetisch an einem Straßenschild oder der Leitplanke angebracht

✗ unter einem großen Stein oder Holzhaufen

FINNs TIPP!

Schaue dich am Zielort genau um und überlege, wo du den Schatz verstecken würdest. Na, hast du das Versteck schon entdeckt?

Versteck ist nicht gleich Versteck

Bedenke bei deiner Suche nach dem Cache, und auch bei deinen eigenen Verstecken, dass sich nicht jedes Versteck stets gleich gut eignet. Im Wald zum Beispiel ist eine knorrige große Wurzel ein ideales Versteck. Im Park hingegen werden die Hunde diese Wurzel gewiss genauso toll finden und dort ihr Revier markieren. Ein Cache wäre an dieser Hundetoilette nicht so gut platziert. Vielleicht hat der Baum aber eine schöne Astgabel, in die sich die Dose legen lässt. Die Koordinaten sind für beide Verstecke dieselben, aber du hast das Versteck an die Umgebung angepasst.

Die etwas „anderen" Verstecke

Neben all den „klassischen" Versteckmöglichkeiten lassen sich manche Geocacher gern etwas Besonderes einfallen oder machen es extra schwierig, um die Spannung beim Cachen zu erhöhen. Da kommt es schon mal vor, dass der Cache in einer Boje mitten auf einem Gewässer versteckt ist und nur mit Hilfe eines Bootes erreicht werden kann. Manche Dosen befinden sich unter Brücken und sind nur über das Bachbett zu erreichen.

Doch nicht nur auf dem Wasser, auch unter Wasser gibt es Verstecke. Ohne Tauchausrüstung und wasserfestem Stift geht da nichts. Selbst hoch oben in den Bergen oder auf mehrere Meter hohen Bäumen sind Cache-Verstecke zu finden.

Gut getarnte Verstecke

Manche Verstecke sind nicht nur vom Gelände her schwierig zu erreichen, sondern haben eine ganz ausgefallene Tarnung. Sie sind als Elektrokasten oder Vogelhäuschen getarnt, mit Drähten in einem Pfosten versenkt oder sogar als extra Ast an einen Baum geschraubt. Mittlerweile gibt es bereits künstliche Pflanzen, die wie ein Grasbüschel aussehen, und in deren Boden sich ein kleines Röhrchen befindet. Auch unechte Steine, an komischen Stellen platzierte Straßenschilder und sogar komplizierte elektronische Basteleien können dir auf der Suche nach einem Cache begegnen.

Rechne also mit allem, denn du weißt nie, welche Überraschungen deine Schatzsuche bereit hält.

Bedenke auch ...

Nicht immer finden Geocacher den Schatz gleich beim ersten Anlauf. Auch erfahrene Hasen müssen manchen Cache mehrere Male suchen oder sich Hilfe holen. Sei also nicht enttäuscht, wenn es einmal nicht klappt. Das ist normal und gehört zum Geocaching dazu. Suche den nächsten Cache und komme an einem anderen Tag wieder, um es noch einmal zu probieren.

Den Schatz bergen

Wenn du den Schatz gefunden hast, schaue dir das Versteck erst einmal besonders gut an. Dass du dich über deinen Erfolg freust, ist ja klar. Dennoch solltest du beim Bergen des Schatzes behutsam sein und weder der Natur schaden noch das Versteck zerstören. Merke dir deshalb gut, in welchem Zustand du das Versteck vorgefunden hast. Erst dann räumst du Barrieren wie Steine, Äste oder sonstige Tarnungen vorsichtig beiseite.

Tritt nicht unnötig auf Pflanzen, breche keine Äste ab und füge der Natur keine sonstigen Schäden zu. War der Schatz vergraben oder unter Materialien versteckt, so kannst du diese auf einem kleinen Haufen sammeln, um sie hinterher wieder zu verwenden.

Gehe nun mit deinem Fund ein paar Meter zur Seite und öffne ihn erst dort. So schützt du den Fundort gleichzeitig vor zu vielen Hinweisspuren und der Entdeckung durch Muggle.

Sesam öffne dich

Nun aber genug: Es wird Zeit, den Schatz zu öffnen. Sei dabei vorsichtig und beschädige den Behälter nicht. Kaputte Behälter mit Rissen und Löchern sind für viele Schätze nicht mehr geeignet. Eindringendes Wasser kann den Inhalt zerstören. Ausströmende Gerüche locken Tiere an. Öffne die Box daher sehr behutsam. Benutze bei Bedarf vorsichtig dein Taschenmesser oder frag deine Begleiter um Hilfe. In den meisten Fällen lässt sich der Behälter aber ganz einfach öffnen.

Bei aller Vorsicht darfst du eines nicht vergessen: Genieße den Moment! Du bist am Ziel, du hast es geschafft und kannst stolz auf dich sein!

Werkzeuge, die dir beim Bergen deines Schatzes helfen

Pinzette: Eine spitze Pinzette ist leicht und klein und lässt sich prima transportieren. Sie kann dir beim Bergen von Caches wertvolle Dienste leisten, wenn beispielsweise die Dose in einem Astloch, Rohr oder einer Mauerritze festhängt. Außerdem lassen sich mit der Pinzette widerspenstige Logbücher aus einer Filmdose und Nanos befreien, ohne dass das Papier dabei reißt.

Spiegel: Er ermöglicht einen zusätzlichen Blick in so manchen Winkel und verstecktes Eck. Oft wird in den Listings bereits darauf hingewiesen, ob ein Spiegel gebraucht wird.

Magnet und Draht: Beides hilft dir, einen heruntergefallenen Cache zu bergen (sofern es eisenhaltig ist) oder versteckte Werkzeuge wie Schraubenzieher aus dem Versteck zu ziehen.

Schraubenzieher: Mit ihm kannst du Filmdöschen, die du mit deinen Fingernägeln schwer öffnen kannst, oder verschraubte Kästchen öffnen. Zwar weisen die meisten Owner bereits in den Listings darauf hin, wenn du einen Schraubenzieher benötigst, oder verstecken ihn in der Nähe des Caches. Es schadet aber nie, gut vorbereitet zu sein und stets einen solchen oder noch besser ein Multifunktionstaschenmesser einzupacken.

Zollstock: Auch dieses Hilfsmittel aus Papas Werkzeugkiste ist klein, praktisch und sehr nützlich. Es verlängert nämlich die Reichweite deines Arms um über 2 m. Mit dem Zollstock kannst du hohe Caches gut erreichen und wenn du den Stock geschickt biegst, bastelst du sogar eine Greifzange daraus. Im Wald kannst du auch einen Ast nehmen, in der Stadt sieht es aber schon anders aus.

Ins Logbuch eintragen

In jedem Cache liegt ein Logbuch. Bei Nanos sind es winzige Zettel, auf denen du in deiner allerkleinsten Schrift deinen Namen hinterlässt. In Micros, wie den Petlingen oder Filmdosen, finden sich oft zusammengerollte Papierstreifen. In Caches ab der Größe Small sind meist kleine Bücher hinterlegt.

Abhängig von der Größe des Cache-Behälters ist auch ein Stift vorhanden. Verlasse dich aber nicht darauf, sondern habe stets einen eigenen Stift dabei. Wäre doch schade, wenn du dich am Ende deiner Schatzsuche nicht in das Logbuch eintragen könntest!

Tauschen macht Freude

Zur Belohnung darfst du dir nun etwas aus dem Behälter aussuchen und im Tausch deinen mitgebrachten Gegenstand hineinlegen. Halte dich dabei an die Tauschregeln auf Seite 61!

FINNs TIPP!

Ins Logbuch trägst du ein:

✗ deinen Namen

✗ Datum und Uhrzeit

✗ was du dem Behälter entnommen hast

✗ was du in den Behälter gelegt hast

Tauschen

Beim Tauschen gelten ein paar wichtige Regeln:

✗ Fair Trade! Diese Worte sind oft auf oder in einem Cache zu lesen. Sie bedeuten, dass der Besitzer alle Geocacher darum bittet, fair – also gerecht – zu tauschen. Eine Murmel ist weniger wert als ein Matchboxauto, ein Schlüsselanhänger meist mehr als ein Fußballaufkleber. Höherwertiges darf man natürlich immer gegen etwas Günstigeres tauschen. Wenn dir also der Fußballaufkleber wichtiger als der Diddl-Schlüsselanhänger ist, dann tausche ruhig.

✗ Meist gibt man später im Internet-Logbuch kurz an, was man getauscht hat. Da steht dann zum Beispiel:
In (reingelegt): Armband
Out (entnommen): Stempel

✗ Der nächste Geocacher weiß dann schon vorher, was ihn ungefähr erwartet und kann seine Tauschbox zu Hause noch etwas auffüllen.

✗ Der Besitzer eines Caches kann seinen Schatz einem bestimmten Thema widmen. Das bedeutet häufig auch, dass die Tauschgegenstände dazu passen müssen. Es gibt zum Beispiel Buch- und Autocaches, bei denen dann eben nur Bücher oder Spielzeugautos getauscht werden sollen. Solche Besonderheiten erkennst du meist schon am Cache-Namen oder kannst sie in der Beschreibung des Caches nachlesen.

✗ Ein Cache ist kein Mülleimer. Trödelkram und Krempel, kaputte und unvollständige Dinge sind nicht gerne gesehen. Eine schöne Murmel, ein Anhänger oder ein Flummi sind da schon besser geeignet.

Grundsätzlich solltest du auch keine Lebensmittel, besonders geruchsintensive Sachen oder Dinge, die an Gewalt und Waffen erinnern, tauschen. Gerüche locken Tiere an, die das Versteck durchwühlen. Dies zerstört nicht nur den Cache, sondern kann vor allem die Tiere in Lebensgefahr bringen.

Eine ganze Menge Infos, was?

Da Geocaching aus Amerika stammt, werden die Entfernungen oft in Meilen (miles) angegeben.

1 Meile = 1,609344 km
1 km = 0,6213712 Meilen

Geocoins

Geocoins sind wunderschöne Münzen oder Medaillen. Das Besondere ist aber die eingravierte Tracking-Nummer. Diese besteht meist aus einer Kombination aus Zahlen und Buchstaben. Jede Kombination gibt es nur ein einziges Mal!

Wegen dieser Kennzeichnung, der Tracking-Nummer, kann jeder Geocoin im Internetforum eingegeben und verfolgt werden, genauso wie die Travel-Bugs. Wer eine Coin findet, darf sie nämlich nicht behalten, sondern muss sie innerhalb von zwei Wochen wieder in einem anderen Cache ablegen. Der Finder trägt im Internet den Cache mit Fundort und Funddatum ein sowie den Cache, in den er die Coin wieder ablegt. Dadurch kannst du im Internet genau verfolgen, wo die Münze gerade ist, wo sie schon war und wie viele Kilometer sie zurückgelegt hat.

Coin – immer auf Reise

Du kannst deiner Geocoin ein Ziel oder einen Auftrag geben. Lass sie beispielsweise von dir zu Hause zu deiner Oma reisen oder vom Urlaubsort wieder zurück zu dir nach Hause. Wenn du eine Coin entdeckst, solltest du sie nur dann mitnehmen, wenn du sie innerhalb der nächsten 14 Tage auch wieder in einem Cache ablegen kannst und das nach Möglichkeit im Sinne des angegebenen Ziels. Du darfst die Coin auch aus einem Cache mitnehmen, wenn du keine Ersatzmünze hineinlegen kannst.

Wo eine Geocoin herbekommen

Geocoins lassen sich am besten im Internet kaufen. Es gibt mittlerweile viele Shops, die sich auf Geocoins und Geocaching-Zubehör spezialisiert haben. Dort hast du eine große Auswahl und kannst anhand der Bilder deine Lieblingscoin aussuchen. Dann bitte deine Eltern, die Coin für dich zu bestellen! Auch viele Läden mit Outdoor-Waren führen immer häufiger Geocaching-Artikel. Auch bei Geocaching-Events gibt es hin und wieder Stände, die Zubehör verkaufen.

FINNs TIPP!

Auch auf Internetmarktplätzen wie ebay gibt es Coins günstig zu kaufen. Du solltest bei solchen Käufen immer darauf achten, dass die Tracking-Nummer noch ungenutzt (also nicht aktiviert) ist, sonst kannst du sie nicht neu im Internet anlegen.

So loggst du Coins

Eine sehr gute Internetseite zum Nachverfolgen von Coins und Trackables ist **www.geocaching.com**. Dort kannst du alle Daten wie Fundort oder persönliche Notizen von jeder Coin anhand der Tracking-Nummer nachverfolgen und eintragen. Wenn du eine Coin gefunden hast, gehe auf die Internetseite www.geocaching.com. Im Bereich der „Trackables" lassen sich gefundene Coins und andere Reisende eintragen. Dazu musst du die auf der Coin eingravierte Tracking-Nummer eingeben. Diese Nummer stellt sicher, dass nur derjenige, der die Coin auch wirklich in den Händen hält, sie loggen kann. Nun siehst du die Seite der Coin mit allen dazugehörigen Informationen. Dort kannst du ähnlich wie bei einem Cache deinen Fund einloggen. Sobald eingetragen wurde, dass du die Coin aus dem Cache entnommen hast, ist sie auf deiner Profilseite sichtbar. Dadurch weißt du immer, welche Coins und TBs du gerade besitzt. Leider gibt es immer wieder Menschen, die eine besonders schöne Münze (coin) behalten und nicht mehr loggen. Das ist sehr ärgerlich! Darum trägst du deine Funde immer ganz schnell im Internet ein. Dann weiß der Besitzer der Coin stets, dass alles in Ordnung ist.

Deine eigene Coin aktivieren

Wenn du deine eigene Coin auf Reisen schicken willst, dann musst du sie im Internet anlegen und aktivieren. Gehe wie bei einer gefundenen Coin auf die entsprechende Seite. Nun kannst du dort eine neue Coin anlegen. Dazu gibst du ihre eingravierte Tracking-Nummer und den Aktivierungscode, der meist auf oder in der Verpackung abgedruckt ist, ein. Nun überlege dir ein Ziel und schreibe etwas über deine Münze, damit der Finder auch weiß, wo sie hinreisen soll. Sobald du die Daten gespeichert hast, erscheint auch diese Münze auf deiner Profilseite. Nun legst du deine Coin bei deiner nächsten Geocaching-Expedition in einem schönen Versteck ab und loggst sie wie oben beschrieben.

Coins ablegen

Coins sollen schnellstmöglich wieder auf Reisen gehen. Lege sie daher rasch in den nächsten Cache. Um dem Besitzer der Coin und anderen Geocachern zu zeigen, dass die Münze nun in diesem Cache liegt, musst du sie loggen. Gehe dazu einfach auf das Cache-Listing und logge dort den Fund des Caches wie üblich. Achte aber jetzt darauf, dass du ein Häkchen an die Münze in deinem Online-Inventar setzt. Dieses Inventar erscheint immer kurz bevor du auf den Button für Speichern drückst. Dadurch wird automatisch angegeben, dass du die Coin abgelegt hast.

Travel Bugs

Travel Bug ist ein merkwürdiger Name. Auf Deutsch heißt das reisender Käfer oder „vom Reisefieber angesteckt". Natürlich sind Travel Bugs keine kleinen frechen Insekten, sondern Gegenstände, die von Cache zu Cache reisen. Dabei ist es fast egal, was zu solch einem Travel Bug wird. Travel Bug wird auch mit den Buchstaben TB abgekürzt.

Im Vergleich zur Geocoin kann nahezu alles ein Travel Bug sein, ein Kuscheltier, Schlüsselanhänger oder Spielzeugauto. Es gibt sogar Fahrradbremsen, die als Travel Bug um die Welt reisen, oder der große Kegel einer Bowlingbahn. Besonders gut geeignet sind zum Beispiel: **Figuren, Schlüsselanhänger, Spielzeugautos**.

Travel Bugs sollten Feuchtigkeit vertragen, damit sie nicht rosten oder schimmelig werden, und nicht allzu groß sein. Kleine Travel Bugs werden eher mitgenommen und reisen somit schneller von Cache zu Cache.

Ganz besondere Trackables

Sei nicht überrascht, wenn du zum Beispiel bei einem Geocacher-Event ganz besondere Formen der Trackables vorfindest. Denn dort kann es durchaus sein, dass du einen Geocacher tracken kannst, wenn er ein T-Shirt mit Tracking-Nummer trägt. Aber auch Hunde haben hin und wieder eine Travel-Bug-Marke an ihrem Halsband und so mancher Geocacher eine Tracking-Nummer auf dem Auto, so dass sogar das Cachemobil als Travel Bug geloggt werden kann. Da die Geocacher mit ihren Hunden wie andere Trackables von Cache zu Cache reisen, dürfen sie auf dem Weg dahin auch gefunden und geloggt werden. Nachdem Cachen wird das T-Shirt natürlich wieder ausgezogen und erst bei der nächsten Expedition wieder übergestreift.

So wird aus einem Ding ein Travel Bug

Wenn du ein Spielzeugauto als Travel Bug auf Reise in die ganze Welt schicken willst, musst du dir zuerst einen Travel-Bug-Anhänger mit einer Nummer besorgen. Einen solchen Anhänger, manchmal ist es auch eine silberne Plakette, kaufst du in einem Geocaching-Laden in deiner Stadt oder im Internet. Mit der angegebenen Nummer kannst du deinen Travel Bug registrieren, damit sein Weg verfolgt werden kann.

Die Plaketten von Groundspeak, die du auf der www.geocaching.com-Seite loggen kannst, werden stets in doppelter Ausführung verschickt. Eine behältst du, die andere befestigst du an deinem Spielzeugauto. Nun trägst (loggst) du die Kennnummer auf der Plakette im Internet ein – und schon ist dein Spielzeugauto ein offizielles Travel Bug.

So loggst du Trackables ein

Um dein Spielzeugauto-Trackable, einen Travel Bug oder eine Geocoin zu aktivieren und für andere auffindbar zu machen, musst du die Kennnummer im Internet eintragen. Dazu gehst du zum Beispiel auf die geocaching.com-Internetseite und loggst dich ein.

Bei den „Trackables" kannst du zwischen Geocoins und Travel Bugs wählen und findest noch weitere wertvolle Hinweise. Nun klickst du „Trackable aktivieren" an und folgst den angegebenen drei Schritten:

1. Schritt: Aktivieren. Dazu gibst du zuerst die Tracking-Nummer ein, die auf Anhänger oder Plakette aufgedruckt ist, dann den Aktivierungscode, den du meist auf der Verpackung von Anhänger/Plakette findest. Nun ist der Geocoin oder TB dir zugeordnet.

2. Schritt: Bestimme das Ziel deines Trackable. Du kannst ihn einfach ziellos um die Welt reisen lassen oder du machst Vorgaben für seine Reise. Vielleicht soll er nur per Fahrrad zum nächsten Cache gebracht werden oder er soll einen bestimmten Cache oder ein besonderes Land erreichen. Auch eine genaue Beschreibung des Trackables kannst du an dieser Stelle eingeben.

3. Schritt: Nun wählst du das Datum, ab wann dein Trackable aktiv sein soll, und gibst ein, von welchem Land und Bundesland aus du ihn auf Reisen schickst.

Nachdem du die Aktivierung vervollständigt hast, kannst du deinen Trackable auf deiner persönlichen Seite sehen. Vielleicht magst du noch ein paar Fotos dazustellen. Wenn du später noch etwas hinzufügen oder ändern willst, gehst du einfach auf deine persönliche Seite, klickst deinen Trackable an und gibst die Ergänzungen oder Änderungen ein. Wenn du einen Travel Bug gefunden hast, musst du dasselbe tun wie beim Fund einer Geocoin (siehe Seite 63).

FINNs TIPP!

Magst du ein Travel-Bug-Rennen veranstalten? Dann schnapp dir einen Freund und los geht's. Jeder sucht sich ein Trackable aus und hängt seine Tracking-Nummer dran. Nun überlegt ihr euch, wohin die Reise gehen soll. Ihr könnt euren TB zum Beispiel 1000 km weit reisen lassen und dann soll er zurück in den Startcache kommen. Oder ihr setzt ein Datum ein und derjenige Trackable hat gewonnen, der bis dahin den längsten Weg geschafft oder am meisten Caches besucht hat. Ihr könnt den TB auch von einem Cache an eurem Urlaubsort in deine Heimatstadt schicken. Wer als Erster ankommt, ist der Sieger.

Es gibt sogar eigene Travel-Bug-Renn-Webseiten, bei denen du deine Rennen listen kannst (**www.tb-run.com** oder **www.tbrace.com**). Dort kannst du mit anderen Geocachern um die Wette eifern. Viel Erfolg!

Noch mehr Trackables

Neben den sehr bekannten Geocoins und Travel Bugs gibt es noch viele weitere Trackables. Egal ob Travel Slug, Pathtags, Travelertags oder all die andere – alle diese Trackables haben das Ziel, von Cache zu Cache zu reisen und die individuellen Aufgaben ihrer Besitzer zu erfüllen. Bevor du einen kleinen Reisenden mitnimmst, solltest du trotzdem ein bisschen was über ihn wissen:

Der Jeep 4x4: Eine besonders schöne Form der Travel Bugs ist der Jeep 4x4, der von der Automobilfirma DaimlerChrysler 2004 bis 2007 auf die Reise geschickt wurde. Diese kleinen Autos reisten von Amerika quer durch die Welt. Wir warten schon sehnsüchtig auf die nächste Edition.

Geokrety: Ein weiteres Tier macht die Caches unsicher. Nach den Bugs (Käfern) kommen nun die Krety (Maulwürfe). Diese kleinen Reisenden werden auf der Seite www.geokrety.org geloggt. Der Vorteil ist, dass sie kostenlos sind. Die Tracking-Nummer wird beim Anlegen eines neuen Krety vom System erstellt. Dann kannst du sie einfach ausdrucken und an dem Gegenstand befestigen. Zum Loggen musst du dich allerdings stets zusätzlich auf der Geokrety-Seite anmelden und die reisenden Maulwürfe dort eintragen. Wenn du das nicht möchtest, solltest du den Krety lieber im Cache liegen lassen.

Geolutins: Bei den Geolutins gelten nahezu die gleichen Bedingungen wie bei den Geokrety, allerdings ohne zusätzliche Anmeldung beim Loggen. Wenn du einen eigenen Geolutin auf Reise schicken willst, kannst du kostenlos auf der Webseite www.geolutins.com – nachdem du dich angemeldet hast – eine Nummer erstellen lassen. Diese Nummer befestigst du an dem gewünschten Gegenstand.

Cachekinz: Wie Travel Bugs sind Cachekinz in nahezu allen Shops erhältlich. Sie heißen nur anders, da sie nicht von Groundspeak hergestellt werden. Cachekinz können ebenfalls geloggt und verfolgt werden. Möchtest du einen eigenen auf Reisen schicken, erhältst du den Aktivierungscode beim Hersteller auf **www.cacheaddict.com**. Das macht es für die Firma leichter, weil sie keine Codes auf die Verpackung drucken müssen.

Schau dir deine umliegenden Caches mal genauer an. Vielleicht ist ja ein TB-Hotel dabei. TB-Hotels sind Caches, die oft in der Nähe einer Autobahn, am Bahnhof oder in sehr günstigen Gegenden versteckt sind. Sie sind speziell für Travel Bugs und Coins eingerichtet und zeichnen sich aus durch: gute Erreichbarkeit, schnelles Auffinden und eine gute Größe, um mehrere TBs beherbergen zu können. Hier hinterlegen Geocacher häufig ihre Reisenden, da sie von dort aus schnell weitergehen und gerade in der Nähe von Autobahnen oder Flughäfen große Strecken zurücklegen können.

Einen Trackable gefunden

Wenn du eine schöne Coin oder einen Travel Bug in einem Versteck findest, darfst du ihn entnehmen, auch wenn du selbst keinen Trackable hinein legen kannst. Nimm ihn aber nur mit, wenn du ihn auch innerhalb der nächsten zwei Wochen in einen anderen Cache ablegen kannst.

Nach deinem Cache-Abenteuer musst du deinen Trackable-Fund zusätzlich zu dem Cache im Internet loggen. Dazu rufst du die zu dem gefundenen Reisenden entsprechende Webseite auf, die auf dem Anhänger steht, und trägst dort die Tracking-Nummer und den Fundort ein. Schaue dir dabei das Ziel an, das dieser Trackable hat und versuche es zumindest ein bisschen zu erfüllen. Wenn du ein Ziel mal nicht erfüllen kannst, weil du vielleicht nicht zu einem See reist, die Coin aber unbedingt an einem See abgelegt werden soll, ist das auch nicht schlimm. Lege sie schnellstmöglich in einen gut besuchten Cache (du siehst an den Logs, wie häufig ein Cache besucht wird) oder in ein TB-Hotel. Dort kann sie zügig weiterreisen und ihr Ziel verfolgen. Eine nette Notiz beim Loggen des Trackable reicht aus, um den neuen Ort kurz zu begründen.

Name:

Tracking-Nr.:

Gefunden im Cache:

Ziel:

Abgelegt in Cache:

FINNs TIPP!

Nimm den tollen Geochip, den du an diesem Buch findest, und schicke ihn auf Reisen. Dazu einfach bei **www.geokrety.org** anmelden, wie oben beschrieben eine Tracking-Nummer generieren und mit einem wasserfesten Stift auf der Rückseite deines Geochips schreiben. Lege ihn jetzt in einen schönen Cache ab und trage seinen Startort auf der Homepage ein.

Name:

Tracking-Nr.:

Gefunden im Cache:

Ziel:

Abgelegt in Cache:

Schicke deinen Geochip auf Reisen!

Den Schatz wieder verstecken

Bevor du den Zielort verlässt, musst du den Cache natürlich wieder gut verstecken. Verschließe die Box mit den Gegenständen und dem Logbuch wieder sorgfältig. Achte darauf, dass nichts versehentlich draußen liegen bleibt.

Lege den Schatz auch wieder an genau dieselbe Stelle, an der du ihn gefunden hast. Das ist wichtig, damit andere Schatzsucher überhaupt die Möglichkeit haben, den Cache zu finden. Stelle dir vor, jeder würde ihn auch nur um 1 m versetzt wieder verstecken. Irgendwann hätte keiner mehr eine Chance, den Schatz mit Hilfe der ursprünglichen Koordinaten zu finden.

Damit du den Schatz wieder an der richtigen Stelle versteckst, hast du dir ja auch das Versteck so genau angeschaut, als du es gefunden hast. Jetzt kannst du auch alle Materialien, mit denen das Versteck getarnt war und die du zuvor auf einen kleinen Haufen gelegt hast, wieder hervorragend nutzen. So brauchst du nicht nach neuen Stöckchen und Steinen suchen. Verwische dann gründlich deine Spuren.

Dreh dich dann noch einmal um: Sieht der Platz um das Versteck so aus, wie du ihn vorgefunden hast? Prima! Mit einem Teil des Schatzes und dem guten Gefühl, dein Ziel erfolgreich gefunden zu haben, machst du dich nun wieder auf den Heimweg oder zur nächsten Station.

Wichtig!

Es gilt: Wo der Schatz gefunden wurde, wird er auch wieder versteckt!

FINNs TIPP!

Denke unterwegs daran: Oft ist der Weg und das, was du zusätzlich bei der Suche entdeckst, noch viel schöner als die Dinge, die du der Cache-Box später entnehmen kannst. Richte deine Augen also nicht nur auf den Pfeil deines GPS-Geräts, sondern auch auf deine Umgebung und auf das, was sie dir alles zu bieten hat!

Funde im Internet loggen

Sicher wieder zu Hause angekommen, beendest du deine Geocaching-Expedition, in dem du alle Funde deines Tages auf deiner Geocaching-Seite einloggst. Je nach Plattform, die du gewählt hast, musst du dich erst einmal mit deinem Geocaching-Namen anmelden. Das geht ja jetzt ganz schnell und einfach. Dann suchst du dir den Cache, den du gefunden hast. Das kannst du in der Suchfunktion über den Namen oder die GC-Nummer tun.

Nun hast du verschiedene Möglichkeiten zu loggen:

✗ Gefunden
✗ Nicht gefunden
✗ Da sollte mal jemand nach schauen
✗ Cache ist weg

Suche dir die passende Variante aus und notiere noch ein paar zusätzliche Informationen, zum Beispiel: „Hat Spaß gemacht, danke für diesen tollen Ort" oder „schneller Fund, schöne Gegend" oder ähnliches. Häufig liest du „TFTC". Das ist die englische Abkürzung für „thanks for the cache", auf Deutsch: „Danke für den Cache." Viele Geocacher nutzen das als Dankesgruß.

Wenn du alles eingetragen hast, taucht dein Log nun in deiner Statistik auf.

Netzwerke sind cool!

Achtung Gefahr!

Alles ist genau geplant, gut vorbereitet und bisher lief die Expedition wie am Schnürchen. Doch plötzlich ändert sich die Situation. Ein Notfall tritt ein. Dies kann überall passieren, egal wie gut du vorbereitet bist. Wichtig ist in dieser Situation, dass du Ruhe bewahrst und einen klaren Kopf behältst. Halte an, atme tief durch und überlege, bevor du etwas tust.

Du hast die Situationen vorab mit deinen Eltern besprochen. Du weißt, was zu tun ist. Du brauchst keine Panik zu haben. Stelle fest: Benötigst du Hilfe oder bist du in der Lage, dir selbst zu helfen? Sobald du dir unsicher bist, greife zu deinem Handy und rufe deine Eltern an. Sie werden dich beruhigen können und dir sagen, was zu tun ist oder zu dir kommen. Bis dahin erinnere dich an die Dinge, die ihr vor der Expedition besprochen habt. Viele Situationen bist du schon durchgegangen. Handle nun entsprechend.

Wichtig! Bleibe ruhig und atme tief durch. Laufe nicht los, ohne vorher zu wissen, was du tun möchtest oder jemanden über deinen Plan zu informieren. Hole über das Handy Hilfe, bei Bedarf über die Notfallrufnummer 112!

Die 5 W-Fragen

Über die Notrufnummer 112 erreichst du zu jeder Zeit den Notdienst, der dir hilft. Damit der Rettungsdienst etwas tun kann, musst du am Telefon ruhig bleiben. Die 5 W-Fragen helfen dir, alle notwendigen Informationen weiterzugeben:

1. **Wo ist etwas geschehen?** Versuche deinen Standort genau zu beschreiben. Gebe zum Beispiel deine aktuellen Koordinaten durch, die dir dein GPS zeigt.

2. **Was ist geschehen?** Erkläre in kurzen Worten, was passiert ist.

3. **Wie viele Personen sind betroffen?** Wer ist alles in Not oder verletzt. Sag auch, ob es ein Kind oder Erwachsener ist.

4. **Wer meldet den Notfall?** Wie heißt du, wo wohnst du.

5. **Warte!** Das ist zwar keine Frage, aber besonders wichtig. Die Helfer werden dir sagen, was zu tun ist und bei Bedarf weitere Fragen stellen.

Bist du in einer Gruppe unterwegs, so solltet ihr zusammen bleiben. Nur im äußersten Notfall läuft einer von euch los und holt Hilfe, zum Beispiel dann, wenn das Handy keinen Empfang hat. Dabei darf aber ein Verletzter nicht alleine zurück gelassen werden!

Wenn du den Rettungsdienst alarmiert oder deine Eltern angerufen hast, dann warte. Laufe nicht einfach weiter. Alle helfen dir, damit du gesund und heil wieder nach Hause kommst. Mache dir daher keine Sorgen.

Notrufe und Signale

Auf der ganzen Welt gibt es ein paar Signale, die Menschen in Not aussenden können, um Hilfe zu holen, und die auch überall verstanden werden. Doch auch wenn du die Signale einmal vergessen hast, solltest du über Klopfzeichen, durch Winken, mit Hilfe einer Trillerpfeife, durch Rufen oder mit Hilfe deiner Taschenlampe auf dich aufmerksam machen.

SOS

Der SOS-Notruf ist überall bekannt. SOS steht vermutlich für „safe our souls", auf Deutsch: „rettet unsere Seelen". Das SOS-Signal, das ursprünglich als Seenotruf verwendet wurde, ist mittlerweile ein überall anerkanntes Notsignal. Das Zeichen ist immer gleich: Kurz, kurz, kurz – lang, lang, lang – kurz, kurz, kurz. Du kannst dieses Signal mit Licht- oder Tonsignalen senden. Dazu leuchtest, rufst, pfeifst oder klopfst du dreimal schnell, dreimal langsam und wieder dreimal schnell.

Alpiner Notruf

Für Notfälle in den Bergen gibt es ein besonderes Signal. Dabei wird sechs Mal innerhalb einer Minute (also alle 10 Sekunden, denn eine Minute hat 60 Sekunden) ein Leucht- oder Tonsignal abgegeben. Dann wartet man eine Minute, bevor man die sechs Signale in einer Minute wiederholt. Eine Minute warten. Sechs Signale pro Minute geben. Winke zum Beispiel mit deiner bunten Jacke, klopfe laut mit Steinen oder nutze eine Trillerpfeife, falls du eine dabei hast.

Mit diesem alpinen Notruf kannst du Menschen auf Berghütten oder Wanderwegen alarmieren. Aber natürlich funktioniert auch in den Bergen das SOS-Zeichen.

Wenn das alpine Notsignal von Helfern wahrgenommen wird, so antworten sie mit drei Signalen pro Minute, dann eine Minute Pause, dann wieder drei Signale pro Minute.

Wenn du ein Notrufsignal empfängst, solltest du unbedingt die Polizei oder den Rettungsdienst alarmieren.

Morsecode

Mit dem Morsecode oder -alphabet werden Wörter, Sätze und Zahlen mit rhythmischen Zeichen übermittelt. Der Morsecode stammt aus einer Zeit, als es noch keine Handys, Faxgeräte und Internet gab. Damals übermittelten Funker die Klopfsignale über Telefonleitungen zu den Empfängern.

Du kannst mit dem Morsecode im Notfall Hilfe holen, etwa, wenn du die einzelnen Buchstaben und Zahlen mit Klopf- oder Lichtzeichen erstellst. Auch für so manchen Cache benötigst du das Morsealphabet.

Jeder Buchstabe und jede Ziffer besteht aus einer charakteristischen Abfolge von kurzen und langen Signalen. Dabei bedeutet:

. = **kurz** (sprich: Dit)
– = **lang** (sprich: Dah)

Damit der Empfänger deiner Nachricht auch weiß, wann ein neuer Buchstabe beginnt und wann ein Wort vollständig ist, gibt es ein paar weitere Regeln zu beachten. Die Dits, also die kurzen Punkte, geben den Takt an und sind deine Zeiteinheit. Ein Dah ist beim Morsen dreimal so lang wie ein Dit. Zwischen zwei Buchstaben solltest du eine Pause in der Länge von einem Dah machen. Zwischen zwei Wörtern dauert die Pause sieben Dits. Am besten klopfst und sprichst du mal deinen Namen und machst zwischen Vor- und Nachnamen eine entsprechende Pause. Es hört sich komplizierter an als es ist und bedarf lediglich ein bisschen Übung.

Hier ist das Morsealphabet:

A = .–	M = ––	Y = –.––
B = –...	N = –.	Z = ––..
C = –.–.	O = –––	0 = –––––
D = –..	P = .––.	1 = .––––
E = .	Q = ––.–	2 = ..–––
F = ..–.	R = .–.	3 = ...––
G = ––.	S = ...	4 = ...–
H = ...	T = –	5 = ...
I = ..	U = ..–	6 = –....
J = .–––	V = ...–	7 = ––...
K = –.–	W = .––	8 = –––..
L = .–..	X = –..–	9 = ––––.

Dein Name in Morsezeichen:

Schon gewusst?

Wenn du aufmerksam das Morsealphabet studiert hast, ist dir sicherlich aufgefallen, dass auch die Signalabfolge beim Notruf SOS aus dem Morsealphabet stammt.

Mit Tieren zusammentreffen

Grundsätzlich gilt: Fasse keine Tiere an! Fremde Tiere, egal ob im Wald oder unterwegs in einer Stadt, solltest du auf keinen Fall streicheln oder füttern.

Wildschweine

Verhalte dich ruhig, wenn du Wildschweinen begegnest. Diese scheuen und meist nachtaktiven Tiere können leicht aggressiv werden und in ihrer Angst Menschen angreifen. Deshalb solltest du nicht auf die Tiere zugehen, sondern dich langsam und behutsam entfernen. Besonders im Winter, wenn Paarungszeit ist, und im Frühsommer, wenn Mütter mit ihren Jungen umherstreifen, musst du aufpassen. Streue auch kein Futter aus, um die Tiere abzulenken. Sie haben ein super Gedächtnis und kommen immer wieder an diese Stelle zurück, um noch mehr Futter zu erhalten.

Jungtiere

Kleine Tierbabys sind besonders niedlich. Trotzdem solltest du auf keinen Fall die Tiere streicheln oder gar aufheben. Dein menschlicher Geruch könnte die Eltern davon abhalten, sich anschließend weiter um den Nachwuchs zu kümmern. Außerdem läufst du Gefahr, von ausgewachsenen Tieren angegriffen zu werden, die ihre Jungen beschützen wollen.

Verletzte oder hilflose Tiere

Wenn du einem verletzten oder hilflosen Tier begegnest, melde dies dem Förster. Er kann sich fachmännisch darum kümmern. Fasse die Tiere selbst nicht an. Sie können beißen und treten vor Angst und Schmerzen. Auch ansteckende Krankheiten könnten so übertragen werden.

Haustieren begegnen

Frei lebende, wilde Tiere sind meist so scheu, dass man eh kaum in ihre Nähe kommt. Anders sieht es da natürlich mit Hunden, Pferden und anderen Tieren aus, die an Menschen gewöhnt sind.

Doch auch wenn der Hund so wuschelig und süß aussieht, das Pferd gerade so toll galoppiert ist und nun seinen Kopf über den Zaun streckt: sei vorsichtig! Fremde Tiere solltest du nie einfach so streicheln.

Hunde

Egal ob im Wald, auf der Wiese oder in der Stadt, laufe nicht auf fremde Hunde zu, um sie zu streicheln. Kommt ein Hund auf dich zu, bleibe ruhig stehen. Fang nicht an zu schreien oder wild die Arme empor zu reißen. Es könnte den Hund erschrecken und ihn dazu bringen, aus Reflex zu beißen. Spreche deutlich und ruhig. Sage „Aus", „Platz" oder „geh zu Herrchen". Mit ein bisschen Glück kennt er die Kommandos und hört darauf, wenn du sie mit fester Stimme sagst.

Pferde

Ein Pferd auf seiner Weide zu bewundern, ist toll. Ihm zu begegnen, wenn es ausgerissen ist, nicht. Gehe ihm sofort aus dem Weg! Versuche nicht es einzufangen. Pferde, die in Panik sind, rennen alles um, was sich ihnen in den Weg stellt. Wenn keiner dem Pferd folgt, kannst du bei der örtlichen Polizei Bescheid sagen, damit der Besitzer informiert und das Tier wieder eingefangen wird.

Vorsicht!
Ich steche gerne!

Futterstellen und ausgelegte Köder

Förster legen häufig Köder aus, etwa als Schluckimpfung gegen die Tollwut für Füchse, oder helfen den Tieren mit Futterstellen über einen harten Winter zu kommen. Bitte lass Köder auf jeden Fall liegen. Oft enthalten sie wichtige Medikamente oder gar Gift. Beides könnte dir schaden. Auch Futterstellen solltest du umgehen. Der Förster wird sie schon zur rechten Zeit befüllen. Bis dahin ist dies ein Platz, an dem die Tiere in Ruhe fressen und sich erholen können. Störe sie bitte nicht dabei!

Nist- und Brutplätze

Je nach Jahreszeit werden dir bei deiner Geocaching-Expedition immer wieder Nist- und Brutplätze unterschiedlichster Tiere begegnen. Bei den Vögeln dauert die Brutzeit von etwa Februar bis Juli/August. In dieser Zeit wachsen auch die allermeisten anderen Jungtiere heran.Mache einen weiten Bogen um Nist- und Brutplätze, damit die Tiere nicht gestört werden und sich in Ruhe um ihren Nachwuchs kümmern können.

Hinschauen solltest du dennoch ganz genau. Oft ist es spannend, was in den Nestern so passiert. Nimm beim nächsten Mal einfach ein kleines Fernglas mit. Dann siehst du alles ganz nah und bist trotzdem in einem ausreichend großen Abstand. Hat tatsächlich ein Vogel ganz in der Nähe des Caches sein Nest erbaut und brütet dort nun fleißig, solltest du ihn dabei nicht stören. Wenn möglich mache ein Foto davon und schreibe dem Owner eine kurze Nachricht. Er kann den Cache dann während der Brutzeit deaktivieren, so dass die Tiere nicht weiter gestört werden. Bestimmt lässt er dich deinen Fund trotzdem loggen. Schließlich warst du an der richtigen Stelle und hast dich vorbildlich verhalten.

Naturschutz und Vogelschutzgebiete

Für den besonderen Schutz von Pflanzen und Tieren wurden Natur- und Vogelschutzgebiete in Deutschland errichtet. Jedes dieser Gebiete hat seine eigenen Regeln, die du beim Betreten immer gründlich durchlesen und vor allem befolgen musst. Die Gebiete sind deutlich ausgewiesen, Tafeln mit den Verhaltensregeln oft an den Wegen aufgestellt.

Grundsätzlich gilt:

✗ Wege dürfen nicht verlassen werden
✗ Tiere dürfen nicht aufgescheucht werden
✗ Hunde haben meist keinen Zutritt oder müssen zumindest immer an der Leine laufen
✗ Parken nur an speziell dafür vorgesehenen Plätzen
✗ Müll immer wieder mitnehmen

Grundsätzlich sollten sich Besucher in Natur- und Vogelschutzgebieten leise und ruhig verhalten und die wundervolle Natur genießen.

Tollwut

Zutrauliche Tiere in Wald, Feld und Flur sollten dir merkwürdig vorkommen. Meist sind diese Tiere krank. Darum musst du dich schleunigst von solch einem Tier entfernen. Hat sich nämlich ein Tier mit Tollwut angesteckt, so kann ein Biss diese tödliche Krankheit auf dich übertragen. Dann musst du **sofort** zum Arzt gehen und dich **sofort** impfen lassen. Bedenke: Nicht immer ist gleich zu sehen, ob ein Tier tollwütig ist. Weißer Schaum vor der Schnauze ist nur eines von vielen Anzeichen. Zudem gehen in Deutschland derzeit die meisten Tollwutfälle auf Fledermausbisse zurück.

Zecken

Zecken, auch Holzböcke genannt, sitzen meist in hohen Gräsern, auf Wiesen und den Blumen am Wegrand, im Unterholz oder Gebüsch. Also meist genau da, wo uns der Weg auf der Suche nach dem Cache hinführt. Sie lassen sich beim Vorbeilaufen auf Haut oder Kleidung abstreifen und suchen dann eine Weile auf dem Körper nach einer weichen Hautstelle. Dort stechen sie ihren langen Stechrüssel in die Haut, um Blut zu saugen. Du bemerkst allerdings weder die krabbelnde Zecke noch den Stich.

Zecken können beim Blutsaugen gefährliche Krankheiten übertragen. Daher solltest du nach jedem Abenteuer in der Wildnis ganz genau deinen nackten Körper nach Zecken absuchen. Deine Eltern helfen bestimmt am Rücken und an den Stellen, die du selbst nicht sehen kannst.

Fuchsbandwurm

Dieser kleine Parasit lebt im Darm von Füchsen. Dort legt er Eier, die der Fuchs mit seinem Kot ausscheidet. Kotreste können sich auf Beeren und Waldfrüchten befinden. Daher solltest du alle Wildfrüchte immer gut waschen, bevor du sie isst. Reinige auch deine Hände stets vor dem Essen und bevor du Lebensmittel anfasst.

Hat dich eine Zecke erwischt, lasse sie so schnell wie möglich von deinen Eltern mit einer Pinzette, speziellen Zeckenzange oder Zeckenkarte entfernen. Die Tiere dürfen dabei nicht gequetscht und müssen vollständig entfernt werden. Wichtig! Achte darauf, wie es dir in den nächsten Tagen geht. Bildet sich ein roter Ring um den Biss oder fühlst du dich unwohl wie bei einer Grippe, solltest du unbedingt zum Arzt gehen. Weise ihn unbedingt auf den Zeckenbiss hin!

Es blitzt und donnert

Ein bisschen Regen macht nicht viel aus und mit der richtigen Kleidung sowieso nicht. Ein Gewitter erschreckt uns mit seinen Blitzen und Donnern schon ganz ordentlich und ist manchmal nicht ganz ungefährlich.

Weißt du, warum es eigentlich donnert? Der elektrische Strom eines Blitzes heizt die Luft in sehr kurzer Zeit sehr stark auf. Dadurch dehnt sich die Luft explosionsartig aus und verursacht einen mächtigen Knall. Das ist der Donner.

Sicheren Schutz finden

Kennst du den Spruch „Buchen sollst du suchen, vor Eichen sollst du weichen"? Er macht uns glauben, dass Buchen bei Gewitter Schutz bieten, Eichen hingegen nicht. Das stimmt aber nicht! Egal, um welche Baumart es sich handelt: Stelle dich niemals unter oder in die Nähe eines Baumes, denn der Blitz schlägt immer an der höchsten Stelle ein. Hohe Bäume sind also sehr anziehend.

Bei Gewitter findest du Schutz in:

- ✗ Haus, Hütte, Scheune
- ✗ Auto
- ✗ unter einer Brücke
- ✗ in einer Kuhle eines Feldes

Bei Gewitter solltest du diese Orte meiden:

- ✗ Bäume
- ✗ Wasser
- ✗ Travohäuschen, Strommasten und andere hohe Gegenstände

 FINNs TIPP!

Du kannst durch einfaches Zählen und Rechnen herausfinden, wie weit das Gewitter noch von dir entfernt ist: Zähle die Sekunden zwischen Blitz und Donner. Ein Kilometer Entfernung entspricht drei Sekunden. Donnert es beispielsweise sechs Sekunden nach dem Blitz, so ist das Gewitter zwei Kilometer entfernt.

Sümpfe und Gewässer

Es ist immer gut, sich das Gebiet zwischen Startpunkt und dem Cache vorab ganz genau anzusehen. Sumpfgebiete und Gewässer solltest du nach Möglichkeit weit umgehen. Je nach Wetterlage weißt du nämlich nie genau, wie weit die sumpfige Landschaft reicht. Auch unbekannte Flüsse und Seen solltest du meiden oder nur in einer Gruppe mit mehreren Erwachsenen erforschen. Gehe lieber einen weiten Umweg. Er bringt dich meist schneller ans Ziel als der Versuch, durch unwegsames Gelände zu laufen.

Abhänge und Höhlen

Auch bei Abhängen gilt: Lieber ein paar Meter weiter gehen und dafür sicher ans Ziel kommen! Steile Klippen und hohe Abhänge solltest du nur in Begleitung von Erwachsenen meistern. Am besten übst du vorher fleißig das sichere Klettern.

Bitte betrete auch nicht unbedacht jede Höhle, die auf deinem Weg liegt. Oft haben Tiere darin Unterschlupf gesucht und erschrecken sich über deinen Besuch. Fledermäuse halten dort ihren Winterschlaf.

Bevor du eine Höhle betrittst, lies dir die Cache-Beschreibung noch einmal ganz genau durch. Versichere dich, dass der Schatz tatsächlich in der Höhle versteckt ist. Berge ihn nur, wenn du nicht allein bist und ein Erwachsener dir helfen kann. Taschenlampe, lange strapazierfähige Hosen, ein Helm und gegebenenfalls Arbeitshandschuhe können dir in Höhlen wertvolle Hilfsmittel sein. Nimm auf jeden Fall Ersatzbatterien mit und markiere dir notfalls mit Kreide, Steinchen und einem Seil den Weg zurück.

Um die Natur und dich zu schützen, meide Caches in Höhlen!

Denke daran: Dein Handy funktioniert in einer Höhle nicht. Darum kannst du nicht in einer gefährlichen Situation per Anruf Hilfe holen.

Dein eigener Kinder-Cache

Wer fleißig am Geocachen ist, bekommt meist irgendwann einmal selbst Lust darauf, einen eigenen Cache zu verstecken. Vielleicht hast du in deiner Gegend auch schon einen Platz entdeckt, an dem ein Cache optimal aufgehoben wäre. Oder gibt es einen schönen Aussichtspunkt, den andere unbedingt auch entdecken sollten? Probiere es einfach einmal aus und sei neugierig, was passiert.

Diese Eigenschaften sollte dein Cache erfüllen

Es gibt natürlich ein paar Regeln, an die du dich wie alle Geocacher beim Verstecken eines Cache halten musst. Diese Regeln helfen die Natur zu schützen und machen zudem deinen Cache lange für andere auffindbar.

Halte dich darum an diese Regeln:

✗ Plane deinen Cache so, dass er lange Zeit hält, mindestens jedoch drei Monate. Ausnahmen sind Event-Caches.

✗ Der Abstand zu bereits bestehenden Verstecken muss mindestens 161 Meter, also 0,1 Meilen, betragen. Das betrifft auch Multi-Cache Stationen, wenn dort in einer kleinen Filmdose beispielsweise die nächsten Koordinaten hinterlegt wurden. Zählt man an einer Station aber nur Treppenstufen, Säulen oder ähnliches, dann muss man diese Station bei der Entfernungsberechnung nicht beachten, da hier keine Dose liegt und somit auch kein kleiner Cache.

✗ Nachdem du deinen Cache veröffentlicht hast, kommen hin und wieder Wartungsarbeiten auf dich zu. Platziere daher deinen Cache in der Nähe deines Wohnortes oder an einem Platz, den du gut erreichen kannst. Verstecke deinen Cache also lieber nicht an deinem Lieblingsurlaubsort.

Ein Versteck wählen

Die Auswahl eines geeigneten Verstecks ist besonders wichtig. Auch hierbei musst du ein paar Regeln beachten:

✗ Achte darauf, dass dein Cache nicht in einem Naturschutzgebiet, auf privatem Gelände oder an Plätzen versteckt ist, die besonderen Gesetzen oder Sicherheitsbestimmungen unterliegen. Auf Bahnhöfen und Flughäfen kam es schon zu Polizeieinsätzen wegen der Befürchtung, in den Boxen seien Bomben versteckt.

✗ Suche einen Ort, der für Andere wegen der schönen Natur (See, Bergblick, Steinformationen), Sehenswürdigkeiten (tolle Gebäude, besondere Brücken, Hügelgräber), einem tollen Spiel- oder Grillplatz in der Nähe oder ähnlichem interessant ist. Welche Orte haben dir selbst besonders gut gefallen?

✗ Das Loggen, also das Eintragen in das Logbuch, sollte beim Versteck gut möglich sein. An einem steilen Hang, bei starkem Muggle-Aufkommen (also vielen Menschen in der direkten Umgebung oder Häusern nebenan) oder an gefährlichen Stellen ist das zu schwierig.

✗ Geocaching macht besonders viel Freude, wenn die Suche ein bisschen kniffelig ist. Achte darauf, dass dein Versteck nicht zu leicht gefunden werden kann. Dann ist die Gefahr auch nicht so groß, dass Muggle den Schatz versehentlich heben oder Tiere ihn schnell ausbuddeln.

Bedenke, dass nicht jedes Versteck überall gleich gut geeignet ist. Eine Baumwurzel im Wald ist toll, eine Baumwurzel im Park eher ein Hundeklo. Ein Riss in der Mauer einer Ruine eignet sich hervorragend, an der Kirchenmauer nebenan eher nicht.

Suche ein tolles Versteck aus!

Deinen Cache vorbereiten

Du hast ein passendes Versteck gefunden. Nun brauchst du noch den Schatz, den du dort hinterlegen willst. Je nach Größe eignen sich dafür Plastikvorratsbehälter, Filmdosen oder sogenannte Petlinge. Gläser sind nicht so gut geeignet, da sie leicht zerbrechen und bei starker Sonneneinstrahlung sogar wie ein Brennglas wirken können. Auch Pappschachteln eignen sich nicht.

Das Material der Box muss wasser- und geruchsdicht sein sowie heißen Sommer- und eiskalten Wintertemperaturen standhalten. Die Box muss sich zudem leicht mehrmals öffnen und schließen lassen. Dein Cache muss schließlich eine Weile halten.

Den Cache markieren

Du solltest deinen Cache auch als solchen markieren. Ein beigelegter Zettel informiert den Finder darüber, was er da eigentlich in den Händen hält. Dieser Zettel nennt sich in der Fachsprache „Stashnote". Wenn du im Internet diesen Begriff eingibst, erhältst du jede Menge Vorlagen, die sich einfach ausdrucken lassen.

Zusätzlich dazu solltest du den Cache auch von außen als solchen markieren. Schreibe dazu einfach mit einem wasserfesten Stift folgende Hinweise drauf: „Offizieller Geocache" und den Cache-Namen. Du kannst auch deinen Cacher-Spitznamen vermerken, damit man dich bei Bedarf erreichen kann.

Der Cache-Inhalt

Nun kannst du deine Box füllen. Auf jeden Fall musst du ein Logbuch beilegen, wenn Platz ist auch einen Stift. Der Rest ist dir überlassen. Im Grunde eignet sich als Cache alles, was du auch tauschen würdest.

Geeignete Behälter für deinen Cache sind:

✗ Vorratsplastikdosen, die sich auch zum Einfrieren eignen (halten Temperaturunterschiede besser aus)

✗ Filmdosen

✗ Apothekerdosen für Salben

✗ Tee- und Kaffeedosen (dürfen in deinem Versteck nicht rosten!)

So wird dein Cache ein Erfolg

Am besten überlegst du, was dir selbst am meisten Spaß machen würde – und schon hast du die Zutaten für dein Erfolgsrezept beisammen. Denn wer kennt sich mit den Wünschen von Kindern und Jugendlichen besser aus als Kinder und Jugendliche. Du kannst deinen eigenen Wunsch-Traum-Cache erschaffen, die anderen werden ihn bestimmt genauso mögen.

Bedenke bei deiner Planung:

✗ Suche einen Weg, der nicht langweilig ist. Wer über Bäche springen oder auf Baumstämmen balancieren kann, hat mehr Freude am Wandern.

✗ Versuche bei einem Multi-Cache einen Rundweg anzulegen. So haben es die kleinen und großen Schatzsucher nach der Expedition nicht mehr so weit zurück zum Auto, dem Cache-Mobil.

✗ Statt einfach nur verschiedene Dinge an den Stationen abzuzählen, ist es viel spannender, wenn man etwas suchen und entdecken muss, was nicht so offensichtlich ist. Gerade Multis bringen so mehr Freude, aber auch jeder andere Cache wird durch deine spannenden Ideen schöner.

✗ Versuche die Größe deiner Box so zu wählen, dass Trackables, Coins und Tauschgegenstände Platz darin haben. Eine Schatzsuche ohne Schatz macht nur halb so viel Spaß.

✗ Dein Versteck sollte nicht vermuggelt sein. Du weißt bestimmt selbst, wie nervig es ist, auf etwas warten zu müssen. Wenn zu viele andere Personen am Ziel herumlaufen und Geocacher ewig warten müssen, bis sie so richtig suchen können, wird es schnell langweilig und frustrierend.

✗ Ein netter Spielplatz oder eine Grillstation in der Nähe deines Caches runden das Freizeitvergnügen ab. Das ist natürlich kein Muss, aber eine nette Sache, wenn du nach erfolgreicher Suche draußen noch spielen kannst.

✗ Bist du gut im Geschichten erfinden? Wie wäre es mit einer Abenteuergeschichte für deinen Cache? Vielleicht fällt dir ein kurzer Krimi ein und die Geocacher müssen das Diebesgut finden. Oder die Prinzessin hat im Wald ihre Glücks-Goldkugel verloren und alle helfen beim Suchen. Aber auch ausgebüxte Ponys, Feen und Detektive lassen sich gut in Cache-Geschichten einbauen und machen alles viel interessanter.

Ideen für deinen Cache

Zugegeben, nicht jeder Cache ist unheimlich kreativ und besonders schön gestaltet. Manchmal hängen die Filmdosen ein wenig lieblos in der Gegend herum und die Suche an sich ist nicht besonders aufregend. Umso toller ist es, wenn du dir bei deinem eigenen Cache besonders viel Mühe gibst. Vielleicht wirst du dafür sogar von anderen Geocachern mit ein paar Favoritenpunkten belohnt.

Hier ein paar Ideen, die sich für Kinder-Caches besonders gut eignen:

✗ Schreibe deinen nächsten Hinweis in Spiegelschrift. Dann musst du in deiner Cache-Beschreibung auch darauf hinweisen, dass man einen Spiegel dabei haben sollte.

✗ Hinterlege ein kleines Rätsel oder eine Scherzfrage und gebe den Cachern drei Antworten zur Auswahl. Hinter jeder Antwort steht eine Koordinatenkombination, aber nur die bei der richtigen Lösung ist die richtige.

✗ Hinterlege in deiner Cache-Beschreibung oder in deinem Cache ein Kinder-Sudoku. Gewisse Felder bilden die nächste Koordinate.

✗ Dich nerven die Textaufgaben im Matheunterricht? Vielleicht ist eine Aufgabe dabei, die zu deinem Cache-Thema passt und schon macht auch das Rechnen wieder Freude. Das Ergebnis dieser Aufgabe kann Teil der nächsten Koordinate sein und die Cacher müssen erst mal fleißig nachdenken.

✗ Entwerfe ein Natur- oder Städte-Quiz. Stelle Fragen zur Umgebung und gebe wieder drei Antwortmöglichkeiten. So lernen alle fast wie von selbst noch etwas dazu.

✗ Du kannst auch etwas abmessen lassen. Schreibe an einer Station zum Beispiel: Messe den Abstand zwischen dem Hochsitz und dem nächstgelegenen Baum. Die Entfernung in cm entspricht den letzten drei Ziffern der Nordkoordinate.

Deinen Cache aktivieren

Jetzt aber los. Du hast deine Idee, deine Box und das Versteck, in das der Cache soll. Jetzt muss er nur noch dahin. Packe alles zusammen und schnappe dir dein GPS. Verstecke nun unauffällig den Cache oder die einzelnen Stationen bei einem Multi-Cache. Schaue dich nochmal genau um: Hast du das Versteck wirklich optimal ausgesucht? Kann es nicht sofort von Mugglen enttarnt werden? Ist es sicher vor Tieren, geschützt vor Wettereinflüssen und so zu erreichen, wie du es dir vorgestellt hast?

Stelle dich dann genau über oder zumindest direkt neben das Versteck und ermittle mit Hilfe deines GPS die Koordinaten. Gehe danach ruhig noch einmal ein paar Meter weiter, wieder zurück und ermittle sie erneut. So kannst du große Abweichungen vermeiden. Notiere dir die Koordinaten deines Verstecks sowie die der Wegpunkte und des möglichen Parkplatzes am Startort. Damit machst du es Cachern leichter, die nur auf der Durchreise oder extra hergefahren sind.

Ein Probe-Cache

Bevor du deinen Cache im Internet anlegst und er somit für alle anderen Cacher sichtbar wird, solltest du einen Probedurchgang machen. Nimm bei diesem Testlauf einen Freund, Geschwister oder Elternteil mit, der bei der Entstehung deiner Idee gar nicht dabei war.

Überreiche deinem Begleiter deine Cache-Beschreibung, den möglicherweise vorhandenen Hinweis und das GPS. Nun macht euch zusammen auf die Suche. Beobachte dabei genau, was dem anderen gefällt, wo er lacht oder vielleicht auch schimpft, weil irgendetwas nicht funktioniert. Halte dich am besten zurück und hilf nicht zu viel. So kannst du am besten die Höhepunkte, aber auch die Schwachstellen deiner Idee feststellen und später noch verbessern.

Den Cache im Internet eingeben

Nachdem dein Cache versteckt ist und dein Testlauf erfolgreich bestanden wurde, kannst du deinen Cache im Internet eintragen. Dazu loggst du dich auf deiner ausgesuchten Geocaching-Webseite ein.

Nun füllst du das Online-Formular aus, in dem nach der Cache-Größe und deiner D/T-Bewertung gefragt wird. Wenn du dir nicht mehr sicher bist, schaue einfach ab Seite 31 in diesem Buch nach.

Hast du schon einen guten Namen für deinen Cache? Bei der Namenswahl ist deiner Fantasie keine Grenze gesetzt. Allerdings solltest du darauf achten, dass er gut verständlich und les- bzw. merkbar ist. Kompliziert geschriebene Namen bereiten bei der Suche in den Datenbanken häufig Probleme, da sie sehr leicht falsch geschrieben und dadurch nicht gefunden werden.

Wenn du alle Felder in dem Online-Formular eingegeben hast, magst du vielleicht noch einen kleinen Hinweis oder ein Foto des Versteckes (wird Spoiler-Foto genannt) hinterlegen oder weitere Informationen über die Umgebung sowie benötigtes Material für die Suche eintragen. Wenn dir später noch etwas einfällt, kein Problem: Du kannst alle Informationen später immer noch ändern oder ergänzen.

Unter diesen Cache-Namen gibt es bereits Kinder-Caches:

✗ Auf den Spuren von Hänsel und Gretel
✗ Aufregung in Entenhausen
✗ Elisallas Kinderschatz
✗ Little Pirates – kleine Piraten
✗ Lotte und die Bäume
✗ Schneckenpost Kindercache
✗ Tarzan – Ein KinderKlätterKäsch
✗ Balu – Kindercache

Vielleicht magst du dein Kinder-Cache so nennen:

✗ Rätsel im Zahlenwald (wenn du ein paar Rechenaufgaben bereit hältst)
✗ Die verlorene goldene Kugel (für einen Prinzessinnen-Cache)
✗ Abenteuer im Feenland
✗ Cache den Dieb
✗ Alles nur ein Scherz?! (ein Scherzfragen-Multi)

Bis zur Freischaltung

Nachdem du alle Angaben eingetragen hast, wird dein Cache von einem Reviewer oder Publisher geprüft. Dabei wird geprüft, ob deine Angaben zusammenpassen, ob die Entfernungen und sonstigen Regelungen eingehalten wurden und deine Angaben stimmen. Sollte es Fragen oder Unstimmigkeiten geben, wirst du angeschrieben und erhältst die Möglichkeit, noch etwas an deinem Listing zu ändern. Erst wenn alles in Ordnung ist, wird dein Cache für alle anderen Geocacher freigeschaltet. Über alle Schritte erhältst du stets eine Benachrichtigung per E-Mail.

Dein Cache ist aktiv, und jetzt?

Jetzt geht das große Rennen los. Denn unter den Geocachern gibt es noch etwas ganz Besonderes: den FTF = „first to find". Der FTF ist derjenige, der einen neuen Cache als allererster findet und loggt. Dabei haben die ersten drei Logs eine besondere Bedeutung. Manchmal ist für den FTF sogar ein besonderes Geschenk oder eine kleine Urkunde im Cache hinterlegt. Du wirst staunen, obwohl man als Geocacher manchmal das Gefühl hat, noch keiner kenne dieses Hobby, ist es unheimlich schwer, der Erste zu sein.

Wartung ist wichtig!

Als Owner deines Caches bist du auch für dessen Wartung verantwortlich. Dazu musst du in regelmäßigen Abständen (alle paar Wochen reicht aus) bei deinem eigenen Cache vorbei schauen und nach dem Rechten sehen. Ist alles noch an Ort und Stelle? Ist der Inhalt trocken, die Dose noch heil? Bietet das Logbuch noch ausreichend Platz für die kommenden Geocacher oder muss ein Neues bereitgestellt werden? Entferne kaputte Tauschgegenstände und Müll. Vielleicht kannst du ja dein Schatzkistchen wieder ein bisschen auffüllen. Wenn alles in Ordnung ist, verstecke den Cache wieder ordentlich und freue dich auf die kommenden Besucher.

„Du hast Post"

Da Geocaching sehr modern ist, bekommst du deine Nachrichten per E-Mail. Jedes Mal, wenn ein Geocacher deinen Schatz gefunden hat und dies im Internet einträgt, erhältst du eine Nachricht. Darin steht, wer deinen Cache wann gefunden hat und was er dazu geschrieben hat. Daran erkennst du sofort, ob dein Cache gut ankommt, ob du mal wieder vorbeischauen solltest, weil der Stift verschwunden ist und ob ein Trackable hinterlegt wurde. So bleibst du auf dem Laufenden, ohne dich ständig einloggen zu müssen oder direkt vor Ort zu sein.

Wenn Geocacher Fragen haben oder sich bei dir bedanken wollen, bekommst du auch eine E-Mail.

Meine Caches

Name:

Koordinaten:

Veröffentlicht am:

Startinhalt:

Besondere Ereignisse:

Name:

Koordinaten:

Veröffentlicht am:

Startinhalt:

Besondere Ereignisse:

Name:

Koordinaten:

Veröffentlicht am:

Startinhalt:

Besondere Ereignisse:

Name:

Koordinaten:

Veröffentlicht am:

Startinhalt:

Besondere Ereignisse:

Name:

Koordinaten:

Veröffentlicht am:

Startinhalt:

Besondere Ereignisse:

Name:

Koordinaten:

Veröffentlicht am:

Startinhalt:

Besondere Ereignisse:

Ein Cache-Event veranstalten

Wer einmal in die Welt der Geocacher eingetaucht ist, kommt häufig nicht so schnell wieder von dort weg. Es macht einfach Freude, mit der modernsten Technik in der Natur unterwegs zu sein und auch noch einen Schatz zu finden. Noch mehr Spaß macht es, wenn du dieses Erlebnis mit anderen teilst. Wie wäre es, wenn du deine Freunde zu einem kleinen Cache-Event einlädst oder dir zum Geburtstag von deinen Eltern eine ganz persönliche Schnitzeljagd wünschst?

Es muss nicht gleich ein riesiges Event sein, der als Event-Cache für alle anderen im Internet zugänglich ist. Heutzutage wird ja immer häufiger darüber berichtet, dass Personen über das Internet Events veranstalten und plötzlich Menschenmassen vor der Tür stehen. Das ist dann für alle Beteiligten nicht schön.

Ideen für einen Cache-Event, den du nicht anmelden musst:

✗ Geburtstags-Cache: Statt auf eine Bowlingbahn gehst du mit deinen Freunden auf große Schatzsuche. Das ist spannend, macht Freude und ist einfach mal was anderes.

✗ Sprich deine Lehrer an und schlage ihnen vor, am nächsten Wandertag eine Geocaching-Tour zu veranstalten. Gemeinsam mit deiner Klasse wird das bestimmt ein tolles Erlebnis.

✗ Jugendgruppen und Organisationen, die Ferienprogramme anbieten freuen sich über neue Ideen. Sprich in deinem Ort die Verantwortlichen einfach mal an. Vielleicht sind sie begeistert von deiner Idee.

So organisierst du ein Event

Eine Cache-Veranstaltung ist etwas sehr aufregendes und leider auch mit einiger Organisation verbunden. Suche dir am besten einen erwachsenen Ansprechpartner und bilde mit deinen Freunden ein Organisationsteam.

Das solltest du bei der Organisation beachten:

✗ Suche dir jemanden, der bereits einige Veranstaltungen geplant hat und dir bei der grundsätzlichen Organisation wie Verpflegung, Bänke und Tische, Genehmigungen, etc. helfen kann.

✗ Plane deine Veranstaltung frühzeitig, am besten ein bis zwei Monate im Voraus.

✗ Das Thema deiner Veranstaltung sollte zur Umgebung passen. Ein Waldfest-Cache gehört in den Wald oder an dessen Rand, ein Piratenabenteuer kann am Dorfweiher enden.

✗ Informiere dich, wo es GPS-Geräte zu leihen gibt. Frage bei befreundete Cachern und den Eltern nach. Oft helfen die mobilen Navigationsgeräte im Auto oder ein Programm fürs Handy.

✗ Wenn du bereits ein bisschen Erfahrung gesammelt hast, kannst du für die Veranstaltung einen extra Cache verstecken. Bedenke dabei, dass viele Leute den Weg dorthin suchen werden und auch das Logbuch entsprechend viel Platz bieten muss.

✗ Was passiert bei schlechtem Wetter? Wenn es wie aus Eimern schüttet, macht selbst Geocaching keinen Spaß. Überlege dir ein Ersatzprogramm.

✗ Achte auf die Personenzahl. Gib am besten Einladungen mit Anmeldung aus, auf denen die Besucher angeben müssen, ob sie kommen und wenn ja mit wie vielen Personen. Vielleicht kennst du diese Schreiben aus der Schule.

✗ Zusätzlich zum Geocaching kannst du einen kleinen Wettbewerb für Kinder veranstalten. Mal- oder kleine Quizwettbewerbe sind einfach zu organisieren, machen Freude und überbrücken die Zeit, falls nicht alle mit auf die Suche gehen.

FINNs TIPP!

Besuche selbst als Gast einen Event-Cache. Erlebe diese besondere Form des Geocachings und nutze die Chance, direkt mit den Organisatoren und anderen Geocachern über deine Ideen zu sprechen. Du kannst die Organisatoren auch über die Geocaching-Webseite direkt anschreiben oder im Forum deine Fragen stellen. Geocacher helfen gerne, trau dich!

Ein Event sollte gut geplant sein!

Geocaching-Wörterbuch

AWP = „additional waypoint" (auf Deutsch: zusätzlicher Wegpunkt), kennzeichnet häufig Parkplätze oder Stationen von Multi-Caches.

BYOP = „bring your own pen" (auf Deutsch: bringe deinen eigenen Stift mit.), im Cache liegt demnach kein Stift bereit und du musst selbst einen mitbringen.

CAB = Cacher-Autobahn, Trampelpfad, der entsteht, wenn viele Geocacher einen bisher unbefestigten Weg entlanglaufen.

Cache = ein versteckter Behälter, der mit Hilfe von im Internet angegebenen Koordinaten von anderen Geocachern gesucht wird.

Cache disabled = (auf Deutsch: kurzfristig nicht verfügbar), so loggst du deinen Cache, wenn er derzeit nicht verfügbar ist, etwa weil du ihn reparieren musst.

Cache enabled = Gegenteil von „cache disabled", damit schaltest du deinen Cache für Andere wieder frei.

Cache-Mobil = Auto oder Fahrrad von Geocachern.

Cartridge = diese Datei wird für Wherigos benötigt.

CITO = „cache in, trash out" (auf Deutsch: Schatz rein, Müll raus), bei dieser Cache-Suche wird so viel Müll wie möglich eingesammelt. Da diese Aktion dem Naturschutz hilft, gibt es jährlich mehrere CITO-Events (meist im Frühjahr), bei denen sich viele Geocacher treffen und sehr viel Abfall aufsammeln.

DFDC = Abkürzung für: Danke für den Cache.

DNF = „do not found" (auf Deutsch: „nicht gefunden"), das loggst du, wenn du den Cache leider nicht gefunden hast.

Drive-In = dieser Cache ist schnell zu finden und gut mit dem Auto zu erreichen.

Final = das Ziel eines Multi-Caches.

Finds = (auf Deutsch: Funde), gibt an, wie viele und welche Caches du gefunden hast.

FTF = „first to find" oder „first time found" (auf Deutsch: als Erster gefunden oder zum ersten Mal gefunden), so darf sich derjenige loggen, der einen neuen Cache als Erster gefunden hat.

Gemuggelt = von Nicht-Cachern entdeckt oder gar gestohlen.

Geocacher = Person, die mit Hilfe eines GPS-Gerätes und im Internet hinterlegten Koordinaten weltweit kleine Behälter in ihren Verstecken findet.

Geocoin = bestimmte Münze, die im Internet geloggt und deren Weg anschließend verfolgt werden kann.

Goal = (auf Deutsch: Ziel), meist für Geocoins und Travel Bugs verwendet.

GPS = Global Positioning System, ein globales Navigationssatellitensystem zur Positionsbestimmung.

Listing = Informationsblatt mit allen Daten des Caches.

loggen = sich im Logbuch, welches im Cache liegt, und auch im Internet eintragen.

MOC = Members Only Cache (auf Deutsch: Cache nur für Mitglieder), um an die Koordinaten zu kommen, muss man Premium-Mitglied bei www.geocaching.com sein.

Muggles = Menschen, die Geocaching nicht kennen.

Multi = Multi-Cache mit mehreren Stationen.

NC = Night-Cache (auf Deutsch: Nacht-Cache).

Owner = (auf Deutsch: Besitzer), derjenige, der den Cache versteckt hat.

P&G = park & grab (auf Deutsch: parken und schnappen), mit dem Auto zu erreichender Cache, wo man parken und loggen kann.

Publisher = eine Person, die neue Caches nach Überprüfung im Internet frei schaltet.

Spoiler = Hinweis, bedeutet: „Spielverderber".

TB = Abkürzung für Travel Bug.

TFTC = „thanks for the cache" (auf Deutsch: danke für den Cache).

Trackables = meist Travel Bugs und Geocoins gemeint, die sich im Internet loggen und verfolgen lassen.

Tracken = Finden und Einloggen von Trackables im Internet.

Tracking-Nummer = in Travel Bugs und Geocoins eingravierte Nummer, mit der sie im Internet eingeloggt und verfolgt werden können.

Trade Item = (auf Deutsch: Tauschgegenstand).

WP = „waypoint" (auf Deutsch: Wegpunkt).

Die Lösung des Rätsels von Seite 46

1. Wildschwein
2. Reh
3. Hase
4. Eichhörnchen
5. Dachs
6. Fuchs

Mein Geocaching-Logbuch

Meine Highlights

Mein Cache-Fund mit der geringsten Entfernung zu meinem Zuhause:

_____

Mein Cache-Fund, der am weitesten von Zuhause entfernt ist:

_____

Mein nördlichster Fund:

_____

Mein östlichster Fund:

_____

Mein südlichster Fund:

_____

Mein westlichster Fund:

_____

Hurra, gefunden!

Mein 1. Cache:

Mein 10. Cache:

Mein 25. Cache:

Mein 50. Cache:

Mein 100. Cache:

Meine Top 10

Diese Caches haben mir am besten gefallen:

1. GC-Nr.: _____ Name: _____ hat mir gefallen, weil _____
2. GC-Nr.: _____ Name: _____ hat mir gefallen, weil _____
3. GC-Nr.: _____ Name: _____ hat mir gefallen, weil _____
4. GC-Nr.: _____ Name: _____ hat mir gefallen, weil _____
5. GC-Nr.: _____ Name: _____ hat mir gefallen, weil _____
6. GC-Nr.: _____ Name: _____ hat mir gefallen, weil _____
7. GC-Nr.: _____ Name: _____ hat mir gefallen, weil _____
8. GC-Nr.: _____ Name: _____ hat mir gefallen, weil _____
9. GC-Nr.: _____ Name: _____ hat mir gefallen, weil _____
10. GC-Nr.: _____ Name: _____ hat mir gefallen, weil _____

In diesen Bundesländern habe ich bereits einen Cache gefunden:

_____

In diesen Ländern habe ich bereits einen Cache gefunden:

_____

Meine Funde

Datum:
Cache-Name:
GC-Nr.:
D-Wertung: T-Wertung:
Cache-Größe:
Besonderheit:

Datum:
Cache-Name:
GC-Nr.:
D-Wertung: T-Wertung:
Cache-Größe:
Besonderheit:

Datum:
Cache-Name:
GC-Nr.:
D-Wertung: T-Wertung:
Cache-Größe:
Besonderheit:

Datum:
Cache-Name:
GC-Nr.:
D-Wertung: T-Wertung:
Cache-Größe:
Besonderheit:

Datum:
Cache-Name:
GC-Nr.:
D-Wertung: T-Wertung:
Cache-Größe:
Besonderheit:

Datum:
Cache-Name:
GC-Nr.:
D-Wertung: T-Wertung:
Cache-Größe:
Besonderheit:

Datum:
Cache-Name:
GC-Nr.:
D-Wertung: T-Wertung:
Cache-Größe:
Besonderheit:

Datum:
Cache-Name:
GC-Nr.:
D-Wertung: T-Wertung:
Cache-Größe:
Besonderheit:

Datum:
Cache-Name:
GC-Nr.:
D-Wertung: T-Wertung:
Cache-Größe:
Besonderheit:

Datum:
Cache-Name:
GC-Nr.:
D-Wertung: T-Wertung:
Cache-Größe:
Besonderheit:

Datum:

Cache-Name:

GC-Nr.:

D-Wertung: T-Wertung:

Cache-Größe:

Besonderheit:

Datum:

Cache-Name:

GC-Nr.:

D-Wertung: T-Wertung:

Cache-Größe:

Besonderheit:

Datum:

Cache-Name:

GC-Nr.:

D-Wertung: T-Wertung:

Cache-Größe:

Besonderheit:

Datum:

Cache-Name:

GC-Nr.:

D-Wertung: T-Wertung:

Cache-Größe:

Besonderheit:

Datum:

Cache-Name:

GC-Nr.:

D-Wertung: T-Wertung:

Cache-Größe:

Besonderheit:

Datum:

Cache-Name:

GC-Nr.:

D-Wertung: T-Wertung:

Cache-Größe:

Besonderheit:

Datum:

Cache-Name:

GC-Nr.:

D-Wertung: T-Wertung:

Cache-Größe:

Besonderheit:

Datum:

Cache-Name:

GC-Nr.:

D-Wertung: T-Wertung:

Cache-Größe:

Besonderheit:

Datum:

Cache-Name:

GC-Nr.:

D-Wertung: T-Wertung:

Cache-Größe:

Besonderheit:

Datum:

Cache-Name:

GC-Nr.:

D-Wertung: T-Wertung:

Cache-Größe:

Besonderheit:

Wichtige Notizen

Passend zum Buch:

Geocaching Box
Starter-Set
€ 9.95*
Artikel-Nr.: 9702

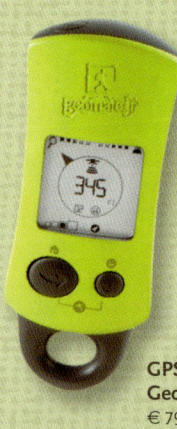

GPS-Gerät
Geomate Junior
€ 79.95*
Artikel-Nr.: 9701

*unverbindliche Preisempfehlung

Datum:

Name:

Notiz:

I LIKE GeoCaching

GEOCACHE-VERSTECK

Bitte nicht entfernen!

Datum:

Name:

Notiz:

OFFIZIELLER

EXPEDITION NATUR

GEOCACHER

GEOCACHE-VERSTECK

Bitte nicht entfernen!

I LIKE GeoCaching

★★★

Datum:

Name:

Notiz:

I LIKE GeoCaching

Datum:

Name:

Notiz:

OFFIZIELLER GEOCACHE

Bitte nicht entfernen!

GEOCACHE-VERSTECK

Bitte nicht entfernen!

Datum:

Name:

Notiz:

I LIKE GeoCaching

★★★

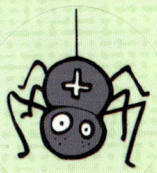

OFFIZIELLER

EXPEDITION NATUR

GEOCACHER

OFFIZIELLER GEOCACHE

Bitte nicht entfernen!

Datum:

Name:

Notiz:

GEOCACHE-VERSTECK

Bitte nicht entfernen!